本书编写和出版得到了内蒙古自治区社会科学界联合会的大力支持和重点资助，入选内蒙古自治区社会科学基金2024年度社会科学普及专项。

向古人学沟通

中华优秀传统文化中的沟通智慧

谭宏旭 张雨鑫 著

李子钰 绘

中国财富出版社有限公司

图书在版编目（CIP）数据

向古人学沟通：中华优秀传统文化中的沟通智慧 / 谭宏旭, 张雨鑫著; 李子钰绘. -- 北京 : 中国财富出版社有限公司, 2024.10. -- ISBN 978-7-5047-8239-7

Ⅰ.C912.11

中国国家版本馆CIP数据核字第2024K6F618号

策划编辑	朱亚宁	责任编辑	王 君	版权编辑	李 洋
责任印制	梁 凡	责任校对	庞冰心	责任发行	杨恩磊

出版发行	中国财富出版社有限公司		
社　　址	北京市丰台区南四环西路188号5区20楼	邮政编码	100070
电　　话	010-52227588 转 2098（发行部）	010-52227588 转 321（总编室）	
	010-52227566（24小时读者服务）	010-52227588 转 305（质检部）	
网　　址	http://www.cfpress.com.cn	排　版	宝蕾元
经　　销	新华书店	印　刷	宝蕾元仁浩（天津）印刷有限公司
书　　号	ISBN 978-7-5047-8239-7/C·0246		
开　　本	710mm×1000mm 1/16	版　次	2024年11月第1版
印　　张	13.75	印　次	2024年11月第1次印刷
字　　数	204千字	定　价	58.00元

版权所有·侵权必究·印装差错·负责调换

序

谭宏旭副教授的新作《向古人学沟通》另辟蹊径、巧思妙想，回望中华灿烂文明，穿越千年历史长廊，以经典故事为脉络，穿针引线，梳理提炼中华祖先的沟通艺术，引导大众读者感知中华优秀传统文化润泽下代代相传的沟通智慧。2018年，谭宏旭老师参编完成了北京师范大学出版社出版的教材《人际沟通》，由此开启了他对人际沟通领域的关注与研究历程。厚积薄发，由繁入简，佳作付梓，欣然为序。

沟通是人际关系的润滑剂、协作关系的黏合剂。有效沟通是融洽关系、交流思想、建立互信、平等合作、互利共赢的必备条件，学会沟通、善于沟通是人们生活、工作所不可或缺的生存与发展的基本技能之一。熟谙沟通艺术、掌握沟通技巧不可一蹴而就，需要持续不断地学习与实践。习近平总书记在文化传承发展座谈会上指出，"中华文明具有突出的和平性。和平、和睦、和谐是中华文明五千多年来一直传承的理念，主张以道德秩序构造一个群己合一的世界，在人己关系中以他人为重。倡导交通成和，反对隔绝闭塞"。我们的祖先很早就认识到人际沟通的重要价值，在百万年的人类史、一万年的文化史、五千多年的文明史中，产生了厚实丰富的人际沟通实践，沉淀成博大精深的人际沟通智慧，这是祖先留给我们的无比珍贵的精神财富。

随着时代变迁，沟通的手段、环境已发生和正在发生诸多变化，人际沟通的内涵日益丰富、形式日益多样，但人心、人性的内在本质与基本逻辑一直未曾改变，平等、尊重、诚信、互利等一系列的核心要素亘古长青，常存常新。以人为本、以和为贵、与人为善、诚信为先、和谐共生的基本规律世代传承、源远流长。蕴含于中华文明之中的古老沟通智慧已跨

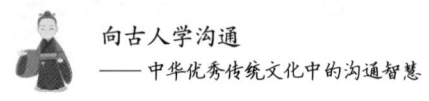

越千年，依然似璀璨的星辰闪耀在历史的长空，穿越时空隧道，指点迷津、照亮前路，助力后人汲取营养、左右逢源、达成所愿。

《向古人学沟通》是一本深入浅出、通俗易懂、图文并茂、生动有趣的通识类科普读物，不同的受众群体都可以从中获益，产生共鸣。本书选择了100多个中国古代有趣的经典故事，其中包括"画蛇添足""百发百中"等成语溯源，"勿以恶小而为之，勿以善小而不为"等流传千古的经典格言，让少儿读者沉浸在一个又一个故事中，感受古人的奇思妙想和交流雅趣。同时，这本书融合了大量的现代心理学、社会学知识，是在说故事，更是在讲道理，引导青年读者从直观感性的故事中学会理性思考，弥补知识盲区，获得有益启迪。沟通能力是每个社会人、职业人必备的基本技能，良好的沟通能力可以和专业技能、职业道德产生奇妙的"化学反应"，让自己在与他人相处时，更加成熟笃定，如鱼得水，解决问题也更加得心应手。中华文化之博大精深、中华文化之独特神韵令我们拥有难得的精神享受和心灵愉悦的体验历程。于老年读者而言，中华沟通智慧的基础是对人性、人际关系的深刻洞悉，当你具备了丰富的人生阅历，重温这些故事，会升华认识、加深体验、汲取精华，进而会通情达理、豁然开朗、笑对尘世、从容静好，还可以把这些经典故事、沟通精髓倾囊传授给后代，涵养正气，培育、传承良好家风。

谭宏旭、张雨鑫、李子钰三位老师结缘于《人际沟通》教材的编写与配套学习资源的建设，共同的兴趣与坚持让他们再次携手，互通有无、默契合作，《向古人学沟通》一书是他们的研究硕果和智慧结晶，也是他们沟通与合作的宝贵经验。让我们翻开扉页，沉浸书中，透过历史，体验一场睿智通达、妙趣横生的文化之旅！

莫淑坤

内蒙古法学会第四、五、六届常务理事；

内蒙古终身教育研究会副会长

001 | 第一章
总 论

- 一、什么是沟通　/ 003
- 二、沟通的主要目的　/ 003
- 三、沟通的形式和手段　/ 005

007 | 第二章
向古人学沟通

- 一、中华优秀传统文化中蕴含着丰富的沟通智慧　/ 010
- 二、中华传统沟通智慧体现中华文明的突出特性　/ 013
- 三、学习中华优秀传统沟通智慧时的原则　/ 014

017 | 第三章
沟通的原理

- 一、得言必察——人际沟通的解读性　/ 019
- 二、众口铄金——人际沟通的传播性　/ 028
- 三、合时正名——人际沟通的时宜性　/ 033

041 | 第四章
沟通的忌讳

- 一、语以泄败——懂得保密避危机　/ 043
- 二、宠辱不惊——控制情绪是高手　/ 050
- 三、言必有信——恪守诚信得人心　/ 055

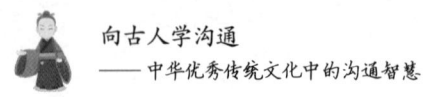

065 | **第五章**
沟通功能一：探查信息

一、反而求之——通过细节获得有效信息　/ 068
二、钓语之术——利用"投射原理"获得信息　/ 071
三、众端参观——广开言路获得信息　/ 080

085 | **第六章**
沟通功能二：营造气氛

一、反古求今——从历史中找榜样　/ 087
二、以欲摩之——以对方的需求作为出发点　/ 093
三、鼓舞士气——利用沟通实现激励　/ 097

103 | **第七章**
沟通功能三：自我展示

一、吸引注意——巧妙地展示自己的优势　/ 106
二、树立威信——用赏贵信、用刑贵正　/ 112
三、管理预期——"君子自污"的智慧　/ 121

129 | **第八章**
沟通功能四：拉近关系

一、飞箝之术——赢取人心的奥秘　/ 131
二、以物代言——非语言沟通方式有时更有效　/ 140
三、察短却语——敢于做直言的"诤友"　/ 147

157 | 第九章
沟通功能五：说服他人

一、合情者听——想说服、先同步　　/ 159
二、象比之术——让语言更生动　　/ 165
三、无婴逆鳞——巧用幽默，事半功倍　　/ 171

177 | 第十章
沟通功能六：谈判交涉

一、量权揣情——先调查、再沟通　　/ 179
二、卑亢有道——敢于斗争、善于斗争　　/ 186
三、抵巇之术——反者道之动，让矛盾为我所用　　/ 200

207 | 参考文献

209 | 后记

第一章　总　论

一、什么是沟通

你有没有经历过以下这些烦恼？

因为害怕在众人面前发言而错失很多机遇；

遇到心仪的异性，却很难获得对方的好感；

想跟老板提涨薪，但刚开口就被轻易驳回；

因为言辞表达中的误会而伤害家人和朋友……

这些困境实际上都属于同一类问题——人际沟通问题。

二、沟通的主要目的

我们每天都会说很多话，但并不是每句话都算是严格意义上的沟通，只有为了实现某种目的进行的主观能动的交流活动才是沟通。那么，沟通的目的都包括哪些呢？

（一）探查信息

信息是决策的基础，调研是获得信息的手段，而调查研究的过程离不

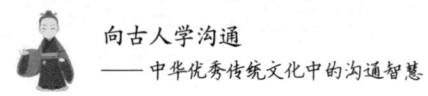

开沟通的过程。然而俗话说"人心隔肚皮",无论采用什么样的调研手段,也难以百分之百地保证获取信息的准确性。因此就需要通过良好的沟通能力及合理的沟通技巧,更加有效地获取信息。

(二)营造气氛

人类对环境有较高的敏感性,在不同的环境下,人们会产生不同的思维,进而采取不同的行为模式,这就是我们常说的"触景生情"。善于沟通者往往同时也是营造气氛的高手。社会心理学家罗伯特·西奥迪尼提出了一个被称为"预先影响力"的概念,就是指在沟通开始前可以通过营造气氛吸引沟通对象的注意力,引发沟通对象的联想,从而更轻松地达到沟通目的。

(三)自我展示

现代心理学有一种观点认为:"渴望被看见,是每个人内心深处的重要心理需求。"能够恰当地进行自我展示,既可以更好地拓展人脉,也可以清楚地表达自我诉求,还有利于把握稍纵即逝的机遇。"万事开头难",自我展示作为人际关系的起点,往往也是人际沟通的难点。

(四)拉近关系

每一段人际关系都需要经营,"一回生,二回熟",随着交往次数的增加,人与人之间的感情逐渐升温,人与人之间的合作成为可能。"良言一句三冬暖,恶语伤人六月寒",沟通在人际交往过程中发挥了重要的作用,所以有人说"沟通是人际关系中的润滑剂"。

(五)说服他人

人类的力量不及牛马,敏捷不及猿猴,却成为地球上食物链顶端的物种,其成就主要来自人类通过各种社会组织实现了分工合作。要达成合作就需要说服他人，无论在社会组织中处于哪个层级、扮演何种角色，都难免会遇到说服他人的情况，这就对一个人的沟通能力提出了考验。

（六）谈判交涉

人与人之间有合作共赢，也必然有分歧和矛盾。在人们意见不一致时，可以通过沟通实现妥协、调和矛盾。良好的沟通可以折冲樽俎，化干戈为玉帛，甚至可以利用"三寸不烂之舌"实现利益最大化。

三、沟通的形式和手段

（一）环境信息

北京故宫庄严肃穆，使人心生敬畏；苏州园林一步一景，让人心旷神怡。人们很早就认识到了环境对人的心理的影响作用，也善于运用气象、地形、景物、建筑、道具等环境要素传达信息，形成预先影响力。

＊拓展阅读：咖啡杯颜色对口感的影响

人们往往会因为一些感官与自我认知，产生理解偏差。在营销领域，商家常常会运用一些心理学规律促成消费者的购买。

日本的一家咖啡店，曾经做过一次实验，他们将浓度完全相同的咖啡倒入颜色不同的四个咖啡杯中，然后请消费者品尝这些咖啡。当30多名消费者喝完后，神奇的事情发生了：当用咖啡色杯子喝时，有三分之二的人认为"咖啡太浓了"；用青色杯子喝时，所有的人都认为"咖啡太淡了"；当用黄色杯子喝时，大家都说"咖啡浓度正合适，味道棒极了"；而尝过用红色杯子盛的咖啡时，十人中有九人都认为"太浓了"。

根据这一实验我们可以知道，咖啡杯颜色的不同对于人们品尝咖啡的味觉也有着影响，当咖啡杯颜色越深时，人们感觉咖啡越浓。所以这家咖

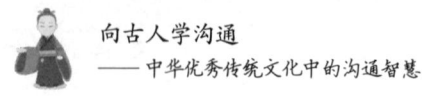

啡店后来将咖啡杯改为红色,这样既能够达到省料、省成本的目的,又能使大多数顾客感到满意。

(二)关键事件

"说教千遍不如体验一遭",实践是认识的基础,相比于使用语言文字沟通,通过对关键事件的剖析解读,甚至刻意制造关键事件,把沟通对象置于"真实"的场景中,能够实现更为有效的沟通效果。

(三)神态举止

有研究表明,眼神、动作、面部表情等肢体语言的沟通影响力是语言沟通的12~13倍,并且往往传递着比语言更加真实可信的信息。它们可以加强语言的力量,也可以透露出沟通者的"言外之意",是沟通中的重要手段。

(四)口头言语

语言对于人类的价值是不言而喻的,我们从未发现任何一个没有语言的人类族群。有研究发现,一个成年人平均每天要说1.5万~3万个字,时长在2小时以上。也就是说,把我们3天内说过的话转换成文字,可以写成一本100多页的书。

(五)书面文字

按照某些历史学家的定义,一个古代社会进入"文明"时代需要满足三个标准:城市、冶金技术和文字。文字为什么对人类社会有这么重要的意义呢?主要是因为文字可以实现跨时空的沟通,从而扩大了人类交流的范围,并且使知识得以传承,让后人可以站在先贤的肩上,构建人类文明的宏伟大厦。

第二章

向古人学沟通

第二章 向古人学沟通

张仪已学而游说诸侯。尝从楚相饮,已而楚相亡璧,门下意张仪,曰:"仪贫无行,必此盗相君之璧。"共执张仪,掠笞数百,不服,醳之。其妻曰:"嘻!子毋读书游说,安得此辱乎?"张仪谓其妻曰:"视吾舌尚在不?"其妻笑曰:"舌在也。"仪曰:"足矣。"

——《史记·张仪列传》

《史记》中记载了这样一个故事:战国时期的张仪学成纵横之术后,希望通过游说诸侯为自己谋得一官半职,但起初混得落魄不得志。有一次,他参加楚国相国家的酒宴,这期间楚国的相国发现自己的玉璧丢失了,这时有人怀疑是张仪偷了玉璧,理由是张仪出身贫穷,品行粗鄙,因此最有可能干出盗窃的勾当。于是楚国的相国就派人把张仪抓起来,鞭笞了数百下,可张仪始终否认是自己干的,众人没有真凭实据,只好把张仪赶走。张仪的妻子见他不仅没有飞黄腾达,反而搞得遍体鳞伤,回到家里就嘲笑他说:"如果你不读书,不去游说诸侯,哪至于受这种羞辱呢?"张仪并没有发怒,而是问他的妻子:"看看我的舌头还在不在?"他的妻子被逗笑了:"你的舌头当然在了"。张仪说:"只要舌头还在,那就足够了"。果然,后来张仪凭着他的三寸不烂之舌,游说诸侯,终于为秦国立

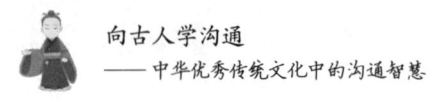

下大功,不仅担任秦国的相国多年,而且被秦惠文王封为武信君。张仪"舌在否"的故事为后人提供了一个成功案例:无论出身如何、遇到怎样的挫折,只要懂沟通、善沟通,就能够摆脱逆境,最终取得事业和人生的成功!

一、中华优秀传统文化中蕴含着丰富的沟通智慧

中华文明是一种高度强调社会性的文明,将人际关系置于极其重要的地位,因此也极为重视人际沟通。中华先贤很早就意识到沟通的重要性,《周易》中象征吉祥的"泰"卦的彖辞就说"天地交而万物通也,上下交而其志同也",强调通过沟通实现和谐,带来吉祥安泰的局面。"兑"卦的"九四"爻辞"商兑未宁;介疾有喜"也指出应通过沟通商榷化解矛盾纷争,最终实现和谐的局面。老子较早地认识到了语言沟通存在局限性,在《道德经》中强调"道可道,非常道,名可名,非常名",因此老子提出"是以圣人处无为之事,行不言之教",肯定了非语言沟通的价值。老子的思想还深刻影响了后来的韩非子,为韩非子的沟通思想注入了朴素的辩证精神。

儒家秉承西周建立的"礼乐"精神,重视社会中的纲常伦理,围绕"君子"人格形成了一套较为完备的沟通理论体系。第一,高度重视沟通在治国理政中的价值,认为"如不善而莫之违也,不几乎一言而丧邦乎(《论语·子路》)""名不正,则言不顺;言不顺,则事不成(《论语·子路》)"。第二,提出了君子的沟通标准"君子欲讷于言,而敏于行(《论语·里仁》)""敏于事而慎于言(《论语·学而》)""夫人不言,言必有中(《论语·先进》)""子不语怪、力、乱、神(《论语·述而》)""非礼勿言(《论语·颜渊》)""其言也讱"(《论语·颜渊》)"君子耻其言而过其行(《论语·宪问》)"。第三,提出了在沟通中考察人的方法"巧言令色,

鲜矣仁（《论语·学而》）""始吾于人也，听其言而信其行；今吾于人也，听其言而观其行（《论语·公冶长》）""有德者必有言，有言者不必有德（《论语·宪问》）""君子不以言举人，不以人废言（《论语·卫灵公》）"。第四，将诚信作为人际沟通中的重要准则，认为君子应当"先行其言，而后从之（《论语·为政》）""言必信，行必果（《论语·子路》）"，并指出不诚信的后果"其言之不怍，则为之也难（《论语·宪问》）"。第五，提出沟通必须充分考虑沟通对象、沟通时机和沟通场合的特点，对于不同的沟通对象"中人以上，可以语上也；中人以下，不可以语上也（《论语·雍也》）"，对于不同的沟通场合"可与言，而不与之言，失人；不可与言，而与之言，失言。知者不失人，亦不失言（《论语·卫灵公》）"，对于不同的沟通时机"言未及之而言谓之躁，言及之而不言谓之隐，未见颜色而言谓之瞽（《论语·季氏》）"。第六，将劝谏视为良性的沟通活动，认为"事父母几谏（《论语·里仁》）"。第七，认为必须通过学习提升沟通水平，"不学《诗》，无以言（《论语·季氏》）"。孔子的弟子子贡曾经出使齐、吴、越、晋四国，成功说动四国君主与权臣，改变了鲁、齐、吴、越、晋五国的命运，对春秋争霸格局产生了重大影响。《尚书》《春秋》等儒家教科书记载了大量的沟通案例，其中如《尧典》《皋陶谟》《牧誓》《金縢》《烛之武退秦师》《阴饴甥对秦伯》等名篇脍炙人口，为后人提供了借鉴的素材。随着儒家思想成为古代中国的"正统"，谨言慎行、非礼勿言、守信重诺等沟通原则已深深融入中华文化的基因，成为人们日用而不觉的沟通之道。

战国时代，诸侯国之间的竞争日益激烈，各国纷纷广开纳贤之道，谋求富国强兵。一大批布衣人才由此走上历史舞台，同时各种学说也形成"百家争鸣"之势，其中法家与纵横家均成为当时的显学，而两家学说都对沟通有深入的探究，成为中华传统沟通理论的支柱。

法家注重通过"法、术、势"三者，加强君主集权，实现富国强兵、争霸天下的目标。春秋战国时期，各诸侯国出现了一大批在各国施行变法

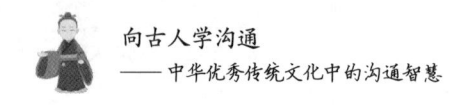

革新的变法家，他们往往需要高超的沟通技巧才能获听于君主、取信于国民，因此非常重视对"说""言"能力的培养，商鞅、吴起等法家人物都留下了经典的沟通故事。法家思想的集大成人物韩非子用《说难》《难言》两篇文章专门探讨了"智术""能法"之士进言之难，并提出了"凡说之难：在知所说之心，可以吾说当之"的著名论断，明确指出沟通必须充分考虑沟通对象的接受度。韩非子还在《说难》中提出"事以密成，语以泄败"的观点，强调沟通中保密的重要性。韩非子认为君主贵"明"，因此需要运用"七术"，防止臣下"六微"的荧惑，对我们在沟通中有效获取信息提供了参考。在《韩非子》一书中还记载了大量的沟通案例，韩非子从法家角度对这些故事进行了解读，具有深刻的启发意义。

纵横家现存较为完整的理论典籍为《鬼谷子》，此书篇幅虽短，但对人际沟通问题的研究极为深刻，提出的"反应""揣摩""权谋"等词至今仍为我们所用。《鬼谷子》的沟通思想具两大特征，首先是有较明显的辩证性，强调通过准确把握"捭"与"阖"的时机，灵活运用"阳"与"阴"两种信息，重视"反"与"应"两种互动模式，实现"忤"与"合"的人际关系效果。其次是具有较强的实用性，《鬼谷子》注重从微观层面研究人际沟通问题，对沟通双方心理的把握、沟通时机的选择、沟通中的语言技巧等都有相当深入的研究，其中的很多论断与当今社会心理学的研究结果有惊人的吻合度。《鬼谷子》在战国时代已经成为纵横家之圭臬，传说战国时期著名的纵横家苏秦、张仪都是鬼谷子的学生，他们用"揣摩之术""阴阳之道"活跃于当时，"横则秦帝，纵则楚王，所在国重，所去国轻"，一度使纵横学说风光无两，他们的事迹除了被载入《史记》等历史典籍，还被汉朝人刘向收录《战国策》中，因此《战国策》可以被称为纵横家的"案例库"。可以说《鬼谷子》和《战国策》标志着我国古代沟通思想真正成为成熟的理论体系。

随着秦汉中央集权制度的发展，纵横术逐渐失去了其用武之地，尤其是汉代的"罢黜百家、独尊儒术"，沟通智慧被视为一种诡谲之术而被排斥在正统学术体系之外。但随着汉末中央集权制度的衰落，沟通技巧又重新获得了重视，成书于三国时期的《人物志》专门对"辩给之材"的人格特质、任用之法等方面进行了深入研究，肯定了"辩给之材"在治国理政中的价值，《三国志》《世说新语》中记载了很多经典的沟通故事，很多故事被传诵至今。

隋唐之后，随着科举制的完善，"御笔封题墨未乾，君恩重许拜金銮"几乎成为知识分子唯一的上升通道，士人热衷于研习"四书五经"，对人际沟通的重视程度较低。但随着宋元之后市民阶层的出现和市井文化的兴起，各类民间文学百花齐放，特别是明清小说对人情世故进行了较为详尽的描绘，其中对人际沟通有相当真实的还原。"四大名著"中都有令人拍案叫绝的沟通故事，其中蕴含的智慧即便放在现代来看仍不过时，可以为当代人处理人际关系提供重要的参考价值。

二、中华传统沟通智慧体现中华文明的突出特性

中华传统沟通智慧体现中华文明突出的连续性。中华文明是世界上唯一绵延不断且以国家形态发展至今的伟大文明。历朝历代铭文、碑刻、楹联等沟通载体，《韩非子》《吕氏春秋》等记载沟通智慧的典籍，各种成语、典故等薪火相传，从古代中国传承至今，成为中华民族的宝贵精神资源。

中华传统沟通智慧体现中华文明突出的创新性。中华文明是革故鼎新、辉光日新的文明，中华民族始终以"苟日新，日日新，又日新"的精神不断创造自己的物质文明、精神文明和政治文明。在沟通领域，表现为一代又一代的中华儿女，用沟通学习新事物、解决新问题、迎接新挑战，不断创造出新的精神养料，丰富着中华民族的精神家园。

中华传统沟通智慧体现中华文明突出的统一性。"向内凝聚"的统一性追求，既是文明连续的前提，也是文明连续的结果。团结统一是福，分

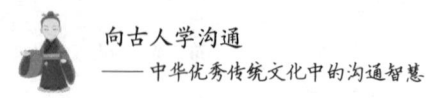

裂动荡是祸,是中国人用血的代价换来的宝贵经验教训。在沟通领域,表现为中华儿女通过沟通方式维护祖国统一、民族团结、领土完整、主权尊严,在这个过程中发扬了斗争精神,锻炼了斗争本领,增强了中国人的志气、骨气、底气。

中华传统沟通智慧体现中华文明突出的包容性。中华文明从来不用单一文化代替多元文化,而是由多元文化汇聚成共同文化,化解冲突,凝聚共识。在沟通领域,表现为中华民族在沟通中革故鼎新,在交往交流交融中不断发展,对世界文明成果兼收并蓄。

中华传统沟通智慧体现中华文明突出的和平性。和平、和睦、和谐是中华文明五千多年来一直传承的理念,主张以道德秩序构造一个群己合一的世界,在人己关系中以他人为重。在沟通领域,表现为中华民族倡导以对话替代干戈,强调在沟通中化解矛盾、构建共识。

总而言之,中华传统沟通智慧是中华文明的瑰宝,是老祖宗留给我们的宝贵财富,通过向古人学习沟通智慧,既可以提升自身的综合能力和情商水平,也可以感受到中华文明博大精深的内涵和深厚的底蕴。

三、学习中华优秀传统沟通智慧时的原则

我们向古人学沟通时,要注意以下原则:

由表及里。沟通是一种即时行为,与情境高度相关,因此在学习中华优秀传统文化中的沟通智慧时,不能只看故事中记载的语言片段,而要深入了解当时的历史背景,从利益格局、当时人的思想观念等角度去分析问题,否则就只能学到皮毛,而不能真正掌握其中的智慧。

辩证分析。不能脱离时代谈历史,历史故事有其局限性和片面性,我们在学习古人的沟通智慧时要注重从正反两方面思考。有些沟通手段在故事中能够发挥奇效,是很多因素综合作用的结果,如果盲目模仿很可能适

得其反。沟通智慧也是一把"双刃剑",使用得当可以捍卫国家主权和尊严、维护人民群众利益、促进民族团结和祖国统一、推动科学民主决策、提升道德修养、构建和谐的人际环境,使用不当则可能变为阿谀谄媚、强词夺理、混淆是非、刚愎自用等,因此需要以正确的世界观、人生观、价值观为导向。

学会古为今用。我们之所以学习中华传统沟通智慧,不仅是为了增加茶余饭后的谈资,还为了切实提高我们的沟通水平。因此要将这些智慧与当前我国国情相结合,同马克思主义的基本立场、观点和方法相结合,充分运用到认识世界、改造世界的实践当中,并在实践中予以检验和调整,最终内化为沟通能力,让我们成为真正的沟通高手。

第三章

沟通的原理

一、得言必察——人际沟通的解读性

夫得言不可以不察。数传而白为黑，黑为白。

——《吕氏春秋·察传》

沟通是一种信息交流活动，信息在传递过程中必然会产生损耗和误解。现代西方传播学有两大信息传播模型，一个是以信息为视角的"香农—韦弗"模型，另一个是注重交互性的"奥斯古德—施拉姆"模型。这两个模型都强调信息在传播中需要经过"编码"和"解码"的过程。人际沟通中的编码，就是沟通者的思想念头变为语言、文字或者肢体语言等方式表达出来的过程，而解码则是沟通对象接收这些信息，并通过思考形成自己的理解的过程。由于沟通双方的身份、文化背景、主观认识等存在差异，因此可能造成沟通中的误解。

首先沟通者之间关系的亲疏不同可能造成不同的沟通效果。

宋有富人，天雨墙坏。其子曰："不筑，必将有盗。"其邻人之父亦云。暮而果大亡其财。其家甚智其子，而疑邻人之父。

——《韩非子·说难》

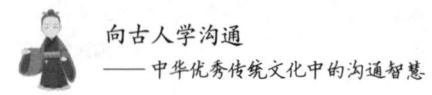
向古人学沟通
——中华优秀传统文化中的沟通智慧

这就是著名的"智子疑邻"的典故。宋国有位富人,他的儿子和邻居的父亲都提醒他,如果不修补被雨水浇坏的院墙可能招致盗贼,但等到家里真的遭窃之后,这位富人觉得自己的儿子聪明,却觉得邻居的父亲非常可疑。之所以对同一番话产生两种不同的解读,是因为自己的儿子和邻人之父与这位富人的关系不同。

讲完"智子疑邻"的故事之后,韩非子又讲了一个发生在卫国的故事。

昔者弥子瑕有宠于卫君。卫国之法:窃驾君车者罪刖。弥子瑕母病,人间往夜告弥子,弥子矫驾君车以出。君闻而贤之,曰:"孝哉!为母之故,忘其刖罪。"异日,与君游于果园,食桃而甘,不尽,以其半啖君,君曰:"爱我哉!忘其口味以啖寡人。"及弥子色衰爱弛,得罪于君,君曰:"是固尝矫驾吾车,又尝啖我以余桃。"故弥子之行未变于初也,而以前之所以见贤而后获罪者,爱憎之变也。

——《韩非子·说难》

一位名叫弥子瑕的近臣曾经倍受卫灵公宠幸。卫国的法律规定:私自驾乘国君马车的人要被处以砍脚的酷刑。但是有一次弥子瑕的母亲生了病,有人连夜通知她。弥子瑕伪造国君的命令,私自乘坐国君的马车回家探望母亲。卫灵公听了这件事之后,不仅不怪罪弥子瑕,反而夸赞道:"弥子瑕可真有孝心啊,哪怕顶着要被砍脚的重罪,都要回家去探望母亲!"又有一次,弥子瑕随国君一起游览果园,摘下一颗桃子咬了一口觉得很甜美,就把剩下的半个桃子拿给国君吃。卫灵公感慨道:"弥子瑕真是爱我啊!居然不顾自己的口福把半颗桃子给我吃。"可是等到弥子瑕容貌衰老又得罪了国君之后,卫灵公想起往事却说:"弥子瑕当年曾经伪造我的命令乘坐我的马车,又把吃剩的半颗桃子给我吃,实在是无法无天又无礼!"韩非子的评价是:弥子瑕的行为早年在国君那里得到表扬,后来却因此在国君那里获罪,不是因为行为发生了变化,而是因为国君的爱憎发生了变化啊!

其次，文化背景不同也会造成沟通中的误解。

应侯曰："郑人谓玉未理者璞，周人谓鼠未腊者朴。周人怀朴过郑贾曰：'欲买朴乎？'郑贾曰：'欲之。'出其朴，视之，乃鼠也。因谢不取。"

——《战国策·秦策三》

秦国的应侯范雎说过这样一则故事：郑国人管没有打磨的玉石叫"璞"，周人则把没有腊制的老鼠称为"朴"。一个周人怀揣着"朴"问郑国的商人："您要不要买'朴'？"郑国商人回答："要。"可没想到看到的商品不是璞玉，而是老鼠肉，于是取消了这笔买卖。这个故事中的误解是由两地方言不同、"同音不同意"造成的。

此外，由于沟通双方关注的重点不同，也会产生不同的沟通效果。

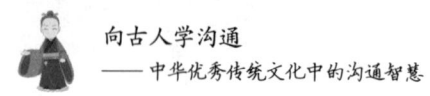

郢人有遗燕相国书者，夜书，火不明，因谓持烛者曰："举烛。"而误书"举烛"。举烛，非书意也，燕相国受书而说之，曰："举烛者，尚明也，尚明也者，举贤而任之。"燕相白王，王大悦，国以治。治则治矣，非书意也。

——《韩非子·外储说左上》

《韩非子》中的这则故事是成语"郢书燕说"的出处。故事说的是有个楚国郢都人给燕国的相国写信，当时正值夜间，灯火比较昏暗，所以这个人就吩咐仆人"把烛火举得高一些！"结果随手就把"举烛"两个字写进了书信里。燕国的相国收到书信之后看到"举烛"二字，一时间不明所以，所以猜测道："把烛火举高就是重视光明的意思，他信中所谓的'重视光明'，大概是在提醒我要举荐重用贤能的人才吧。"于是劝谏燕王重视人才，竟然让燕国得到很好的治理。可谁能想到，"举烛"最初只是郢人的手误而已。这个故事中的阴差阳错是由于燕国相国读信时，从治国理政的角度加入了自己的诠释。

沟通中的误解有可能导致严重的后果，比如形成谣言、造成人与人之间的猜疑等。

魏王遗楚王美人，楚王说之。夫人郑袖知王之说新人也，甚爱新人。衣服玩好，择其所喜而为之；宫室卧具，择其所善而为之。爱之甚于王。王曰："妇人所以事夫者，色也；而妒者，其情也。今郑袖知寡人之说新人也，其爱之甚于寡人，此孝子之所以事亲，忠臣之所以事君也。"

郑袖知王以己为不妒也，因谓新人曰："王爱子美矣。虽然，恶子之鼻。子为见王，则必掩子鼻。"新人见王，因掩其鼻。王谓郑袖曰："夫新人见寡人，则掩其鼻，何也？"郑袖曰："妾知也。"王曰："虽恶必言之。"郑袖曰："其似恶闻君王之臭也。"王曰："悍哉！"令劓之，无使逆命。

——《战国策·楚策四》

战国时，魏惠王赠送楚怀王一位美人，楚怀王对她非常着迷。楚怀王的宠妃郑袖表现得出奇大度，对这位魏国美人极好。楚怀王大为感动，以为郑袖是出于对楚怀王的忠心。郑袖借机对魏国美人说："大王虽然宠爱你，但是私下对我说你的鼻子不太好看。以后你见到大王的时候，记得将鼻子遮掩起来。"魏国美人信以为真，从此见到楚怀王便遮住自己的鼻子。楚怀王感觉很诧异，于是问郑袖："为什么最近我总见到魏国美人掩着鼻子？"郑袖回答说："我好像知道个中缘故，但又不敢说。"楚怀王说："即便是坏事也但说无妨。"于是郑袖回答："她好像是嫌恶大王身上的体味。"楚怀王勃然大怒，于是不问青红皂白，命人割掉了魏国美人的鼻子。

误解和谣言会产生这么严重的后果，那我们该如何减少误解呢？首先是要衡量好自己与沟通对象之间的心理距离。如果心理距离比较远，那就要提前打好"预防针"，我们常说的"丑话说在前面"指的就是这一道理。

冯忌请见赵王，行人见之。冯忌接手免首，欲言而不敢。王问其故，对曰："客有见人于服子者，已而请其罪。服子曰：'公之客独有三罪：望我而笑，是狎也；谈语而不称师，是倍也；交浅而言深，是乱也。'客曰：'不然。夫望人而笑，是和也；言而不称师，是庸说也；交浅而言深，是忠也。昔者尧见舜于草茅之中，席陇亩而荫庇桑，阴移而授天下传。伊尹负鼎俎而干汤，姓名未著而受三公。使夫交浅者不可以深谈，则天下不传，而三公不得也。"赵王曰："甚善。"冯忌曰："今外臣交浅而欲深谈，可乎？"王曰："请奉教。"于是冯忌乃谈。

——《战国策·赵策四》

这个故事讲的是冯忌请求拜见赵王，可真的见到了赵王，冯忌却拱手低头，欲言又止。赵王问他是什么缘故。冯忌讲了这样一个故事："有个客人向宓子推荐一个人，不久他问宓子这人有什么过错。宓子说：'您的客人有三条过错，望着我并发笑，这是轻视我；谈话不称我为老师，这是背叛我；交情浅薄却深谈，这是迷惑我。'客人说：'不是这样。望见人笑，这是和蔼；言谈不称呼老师，因为老师这个称呼太庸俗；交情浅薄却深谈，这是忠诚。从前尧去草房茅庐之中拜访舜，就坐在舜家中桑树阴凉下的田边，可是只聊了片刻的工夫，尧就将天下禅让于舜。伊尹背着鼎俎，以厨师的身份谒见商汤，商汤连他姓名都还没记清楚，就封给伊尹三公的职位。如果交情浅就不可以深谈，那么尧的天下就无法禅让给舜，并且伊尹也不可能成为商朝的开国功臣'。"赵王说："我懂了。"冯忌说："如今我作为外国来的臣子，和您交情虽然浅，但想深谈，可以吗？"赵王说："请您放心教导吧。"于是冯忌才谈了自己的意见。冯忌懂得"交浅莫言深"的道理，一方面是为了明哲保身，另一方面也是为了自己的计谋更好地被赵王接受。

除此之外，找到双方的共同话题，尽量避免对方不了解的领域，也是减少误解的好办法。

苏厉谓周君曰："败韩、魏，杀犀武，攻赵，取蔺、离石、祁者，皆白起。是攻用兵，又有天命也。今攻梁，梁必破，破则周危，君不若止之。"谓白起曰："楚有养由基者，善射；去柳叶者百步而射之，百发百中，左右皆曰善。有一人过曰，善射，可教射也矣。养由基曰，人皆曰善，子乃曰可教射，子何不代我射之也？客曰，我不能教子支左屈右。夫射柳叶者，百发百中而不已善息，少焉气力倦，弓拨矢钩，一发不中，前功尽矣。今公破韩、魏，杀犀武，而北攻赵，取蔺、离石、祁者，公也。公之功甚多。今公又以秦兵出塞，过两周，践韩而以攻梁，一攻而不得，前功尽灭，公不若称病不出也。"

——《战国策·西周策》

这一策讲的是秦国主帅白起接连打败韩国、魏国、赵国，一路打到魏国的国都大梁城下。苏厉对西周君说："如果大梁城破，我们西周就危在旦夕了，您不如让我去劝说白起休兵。"于是苏厉去拜见白起，给他讲了当年楚国神射手养由基的故事：当年养由基能够在百步之内射中柳叶大的靶子并且百发百中。旁边的人看了都为他喝彩，可是有一个人却说："养由基既然这么善于射箭，可以接受射箭的训练了。"养由基不悦地问他："其他人都为我的箭法喝彩，可您却说我才够条件接受训练。难道您的箭法比我更高明，可以替我百发百中吗？"不料这个人却说："我可不会射箭的这些招式。但我知道您百发百中，力气已经消耗了许多。如果继续射箭就很容易失误，而您只要有一发不中，之前百发百中的名声就前功尽弃了。"苏厉接下来对白起说："您现在战功卓著，可以说是百战百胜，但是如果攻不下眼前的大梁，之前的战功就都毁掉了。所以我劝您称病不出，保住百战百胜的名声。"

昭阳为楚伐魏，覆军杀将得八城，移兵而攻齐。陈轸为齐王使，见昭阳，再拜贺战胜，起而问："楚之法，覆军杀将，其官爵何也？"昭阳曰："官为上柱国，爵为上执珪。"陈轸曰："异贵于此者何也？"曰："唯令尹耳。"陈轸曰："令尹贵矣！王非置两令尹也，臣窃为公譬可也。楚有祠者，赐其舍人卮酒。舍人相谓曰：'数人饮之不足，一人饮之有余。请画地为蛇，先成者饮酒。'一人蛇先成，引酒且饮之，乃左手持卮，右手画蛇，曰：'吾能为之足。'未成，一人之蛇成，夺其卮曰：'蛇固无足，子安能为之足。'遂饮其酒。为蛇足者，终亡其酒。今君相楚而攻魏，破军杀将得八城，不弱兵，欲攻齐，齐畏公甚，公以是为名足矣，官之上非可重也。战无不胜而不知止者，身且死，爵且后归，犹为蛇足也。"昭阳以为然，解军而去。

——《战国策·齐策二》

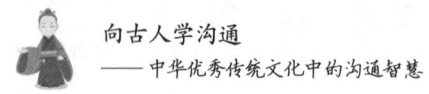

同样是战国时期,楚国的昭阳率军攻伐魏国,接连攻下八座城池,一直打到临近齐国的地方,齐王派陈轸去劝说昭阳撤兵。这一策的局势和上一个故事何其相似,但遇到不同的沟通对象,使用的例子就完全不同了。陈轸用祭祀做比喻,给昭阳讲了一个"画蛇添足"的经典寓言,成功说服昭阳撤军。为什么同样是劝说统帅撤军,苏厉给白起讲的是养由基"百发百中"的故事,而陈轸给昭阳讲的是祭祀中"画蛇添足"的故事呢?因为白起和养由基一样都是武将,用射箭比喻更容易被身为武将的白起理解和接受。而昭阳虽然也是楚军统帅,却出身楚国的王族,是地地道道的"公子王孙",用祭祀做比喻,更容易被他理解和接受,甚至"画蛇"这个细节也符合楚国的风土人情。从这些细微之处,就可以看出这些顶级说客的非凡功力。

相反,使用对方无法理解的例子进行说服,就会大大增加沟通难度。

孔子行游,马逸食稼,野人怒,絷其马。

子贡往说之,卑词而不得。

孔子曰"夫以人之所不能听说人,譬以太牢享野兽,以《九韶》乐飞鸟也。"乃使马圉往,谓野人曰:"子不耕于东海,予不游西海也,吾马安得不犯子之稼?"野人大喜,解马而予之。

——《智囊·上智》

孔子周游列国过程中,驾车的马吃了农夫的庄稼,农夫非常愤怒,将孔子的车马拦停。做过外交官、擅长言辞的弟子子贡下车调解,完全没有效果。于是孔子让驾车的马夫去处理,三言两语就把事情办好了。子贡办不了的事情,马夫却能轻松摆平,这是因为沟通对象是不通文墨的"野人"(不居住在城邑的农民),而子贡出身于贵族世家,子贡的那套话语体系和"野人"完全不在一个频道上,这就是孔子所说的"以太牢享野兽,以《九韶》乐飞鸟也",马夫出身平民,和"野人"之间沟通障碍自然少得多，马夫说的话非常"接地气"——你不在遥远的东海耕地，我也不在遥远的西海驾车，我的马怎么知道那是你的庄稼而不能吃呢？我们在生活中遇到沟通无效的情况时，也可以反思一下，自己是不是犯了"以太牢享野兽，以《九韶》乐飞鸟也"的糊涂。

*拓展阅读：乔哈里视窗

美国心理学家乔·卢夫特（Joe Lufthe）和哈里·英格翰（Harry Ingham）根据对信息的了解程度，将沟通话题划分为四类，分别是（1）开放之窗——自己知道，对方也知道的话题；（2）盲点之窗——自己不知道，对方却知道的话题；（3）隐蔽之窗——自己知道，对方不知道的话题；（4）未知之窗——自己和对方都不知道的话题。

在沟通中选择"开放之窗"的话题能够让沟通的障碍最小，更为顺畅，比如和新认识的朋友聊双方都熟悉的体育、影视等话题，能够迅速拉近双方的距离。遇到"盲点之窗"要多听少说，切忌"班门弄斧"，在行家面前保持谦逊的态度才能更好地学习。"隐蔽之窗"是把"双刃剑"，总和别人谈论你擅长对方却很陌生的话题会招致反感，但是能够深入浅出地展示一点自己的"独门秘籍"能够让别人觉得你有所专长，在适当的时机诚恳地袒露自己的秘密，有利于获得沟通对象的信任，能将"隐蔽之窗"运用自如是沟通高手的必备技能。"未知之窗"是浅层次沟通中尽量要避免的话题，如果仅仅为了拉近关系，聊这方面的话题很容易把天聊死。但是沟通双方在这个领域进行探讨交流，往往能够帮助沟通的双方发现之前忽略的盲区，从而产生新的创意。因此在一些解决实际问题的场合，比如决策前的征求意见会议、学术交流会议等沟通场景中，不触及这个领域反而是缺乏深度的。

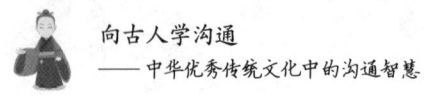

二、众口铄金——人际沟通的传播性

误解经过多人传播就会形成谣言,谣言会在多人印证中增加可信度,让原本荒谬的事情变得更容易蛊惑人心。

庞葱与太子质于邯郸,谓魏王曰:"今一人言市有虎,王信之乎?"王曰:"否。""二人言市有虎,王信之乎?"王曰:"寡人疑之矣。""三人言市有虎,王信之乎?"王曰:"寡人信之矣。"庞葱曰:"夫市之无虎明矣,然而三人言而成虎。今邯郸去大梁也远于市,而议臣者过于三人矣。愿王察之矣。"王曰:"寡人自为知。"于是辞行,而谗言先至。后太子罢质,果不得见。

——《战国策·魏策二》

《战国策》中说魏国的重臣庞葱将要陪同太子去赵国的邯郸做人质,他担心遭到谗言陷害,就问魏王:"如果有一个人告诉大王市集上有头猛虎,大王会相信吗?"魏王说:"当然不会。"庞葱接着问:"那么如果有两个人都对大王说市集上有猛虎,大王会相信吗?"魏王说:"我会有所怀疑。"庞葱又说:"那如果连续三个人都对大王说市集上有猛虎,大王会相信吗?"魏王说:"这回寡人就信了。"庞葱说:"市集上不可能有猛虎是一件再明显不过的事情,然而只要有三个人这么说,您就相信了。现在我要去的邯郸可比市集遥远多了,而向您进谗言议论我的人可远超过三个。今后还希望大王能够明察啊。"魏王说:"寡人知道这个道理,您放心吧。"果然等庞葱去邯郸不久,就开始有人向魏王进谗言议论他。后来太子当人质期满回国,魏王果然不再召见庞葱。这便是成语"三人成虎"的出处。

昔曾参之处费，鲁人有与曾参同姓名者杀人，人告其母曰"曾参杀人"，其母织自若也。顷之，一人又告之曰"曾参杀人"，其母尚织自若也。顷又一人告之曰"曾参杀人"，其母投杼下机，逾墙而走。

——《史记·樗里子甘茂列传》

秦国的甘茂在攻打韩国之前，为了防止被谗言陷害，就给秦武王讲了一个故事：当年孔子的弟子曾参居住在费地的时候，当地有个与曾参同名的人杀了人。于是有人告诉曾参的母亲说："您儿子曾参杀人了"。曾参的母亲正在织布，对这个人说："我儿子不可能做出杀人的事情！"不一会儿，第二个人也来告诉曾参的母亲"曾参杀人了"，曾母继续织布，并不相信这话。可是紧接着又来一人，向曾母说："曾参杀人了"，这下曾母慌了神，急忙丢下手中的织布工具，翻墙逃跑了。甘茂告诉秦王：即便像曾子那样的贤人和母子关系这样的信任，都经不住三个人传播的谣言。并且说"现在我不如曾参贤能，大王相信我又不如曾参的母亲相信曾参，非议

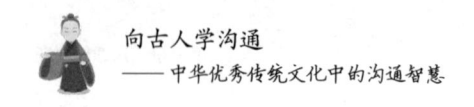

我的将不止三人，我担心大王恐怕会因为我的原因而扔掉梭子（指的是从韩国撤兵）啊！"

至于甘茂究竟用了什么样的妙计破解谗言，获得秦王的信任和支持呢？我们在第八章中还会讲到这个故事。

此外，随着时间的流逝，信息也会在传播中走样，出现"以讹传讹"的现象。

> 鲁哀公问于孔子曰："乐正夔一足，信乎？"孔子曰："昔者舜欲以乐传教于天下，乃令重黎举夔于草莽之中而进之，舜以为乐正。夔于是正六律，和五声，以通八风，而天下大服。重黎又欲益求人，舜曰：'夫乐，天地之精也，得失之节也，故唯圣人为能和。和，乐之本也。夔能和之以平天下，若夔者一而足矣。'故曰'夔一足'，非'一足'也。"宋之丁氏，家无井而出溉汲，常一人居外。及其家穿井，告人曰："吾穿井得一人。"有闻而传之者曰："丁氏穿井得一人。"国人道之，闻之于宋君。宋君令人问之于丁氏，丁氏对曰："得一人之使，非得一人于井中也。"求闻之若此，不若无闻也。子夏之晋，过卫，有读史记者曰："晋师三豕涉河。"子夏曰："非也，是己亥也。夫'己'与'三'相近，'豕'与'亥'相似。"至于晋而问之，则曰"晋师己亥涉河"也。
>
> ——《吕氏春秋·察传》

鲁哀公问孔子："当年在大舜手下担任'乐正'官职的夔只有一只脚，这是真的吗？"孔子给鲁哀公讲了这个说法的来龙去脉："从前舜想用音乐向天下老百姓传播教化，就让重黎从民间举荐了夔而且起用了他，舜任命他做乐正。于是夔校正六律，谐和五声，用来调和阴阳之气，因而天下归顺。重黎还想再多找些像夔这样的人，舜却说：'音乐是天地间的精华，国家治乱的关键。只有圣人才能做到和谐，而和谐是音乐的根本。夔能调和音律，从而使天下安定。有一个像夔这样的人就足够了。'所以'夔一足'指的是'有一个像夔这样的人就足够了',而不是'夔只有一只脚'。"这个故事中鲁哀公将"夔一足"误解为"夔是个独脚人",造成这场乌龙的原因首先是文言文高度精练的语言特点,其次是关于"夔"的史料年代久远,无从考证。因此《吕氏春秋》中说:"辞多类非而是,多类是而非。是非之经,不可不分。此圣人之所慎也。"

但人际沟通的传播带来的结果可不只是消极的,更多的时候,我们可以利用这种规律实现积极的目的。对国家和社会来说,信息传播可以促进教育、法律、科技等各项事业的发展;对个人而言,信息可以让一个人获得良好的信誉,所以俗话说"金杯银杯,不如口碑"。

楚人曹丘生,辩士,数招权顾金钱。事贵人赵同等,与窦长君善。季布闻之,寄书谏窦长君曰:"吾闻曹丘生非长者,勿与通。"及曹丘生归,欲得书请季布。窦长君曰:"季将军不说足下,足下无往。"固请书,遂行。使人先发书,季布果大怒,待曹丘。曹丘至,即揖季布曰:"楚人谚曰'得黄金百,不如得季布一诺',足下何以得此声于梁楚间哉?且仆楚人,足下亦楚人也。仆游扬足下之名于天下,顾不重邪?何足下距仆之深也!"季布乃大说,引入,留数月,为上客,厚送之。季布名所以益闻者,曹丘扬之也。

——《史记·季布栾布列传》

汉初的季布守信重诺,在当时很有名气。楚地有位名叫曹丘生的能言善辩之士,多次借权贵获取金钱。曹丘生和窦长君有交情,季布听说之后就提醒窦长君:"曹丘生这个人品行不端,建议您不要和他交往。"曹丘生听说这件事之后,依然坚持去面见季布。季布见到曹丘生之后非常生气,但曹丘生却很有礼貌地说:"楚地人有句谚语说'得到黄金百两,都比不上得到季布的一个诺言',您难道不知道这个好名声是怎么流传开的吗?我是楚地人,您也是楚地人,我能够帮您名扬天下,难道对您来说不重

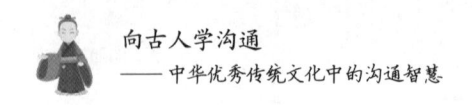

要吗？您怎么还总是拒绝我呢？"季布听完之后非常高兴，于是厚待曹丘生。后来季布名气越来越大，其中就有曹丘生的功劳。由此可见，"酒香也怕巷子深"，好名声首先来自一个人良好的品德，而有了好的传播手段，则能够让好名声流传得更加广泛。

齐桓公设庭燎，为士之欲造见者。期年而士不至。于是东野鄙人有以九九见者。桓公使戏之，曰："九九足以见乎？"鄙人曰："臣不以九九足以见也。臣闻君设庭燎以待士，期年而士不至。夫士之所以不至者，君，天下之贤君也，四方之士皆自以为不及君，故不至也。夫九九，薄能耳，而君犹礼之，况贤于九九者乎？夫太山不让砾石，江海不辞小流，所以成其大也。《诗》曰：'先民有言，询于刍荛。'言博谋也。"桓公曰："善。"乃因礼之。期月，四方之士相导而至矣。

——《韩诗外传》

聪明的领导者懂得利用这种传播效应来实现政治目的。当年齐桓公为了广求贤才，在宫廷里设置火炬，其本意是即便有贤才夜间到访，齐桓公也可以接待。可没想到一年多一个到访者都没有。盼来盼去，终于盼来一个自荐者，可这个人究竟有什么才能呢？他声称自己只会背诵九九乘法口诀……正当齐桓公为如何安排这位"人才"犯愁时，这位"乘法人才"说道："我听说您点着火炬等待贤人，可是等了一年多都没人来。之所以没人来是因为您本人才能出众，那些有才能的人即便想来应聘，但拿自己和您一比，总觉得还不够资格，于是也就不敢来自荐。我刚才背的九九乘法口诀，是小孩子都会的技能。如果您能把我当人才加以礼遇，那人们就会争先恐后来应聘的。"齐桓公采纳了他的建议，果然一个月后，四面八方的能人贤者就纷纷前来自荐了。这个"庭燎求贤"的故事告诉我们，利用典型事件做好宣传，往往能够收到奇效。

＊拓展阅读：那些因误会而产生的地名

15、16世纪是世界史上的"大航海时代"，来自西欧的西班牙、葡萄牙、英国、法国、荷兰等地的航海家借助帆船在全世界探险，现在世界上的很多地名源自那个时代。但是你或许不知道，很多地名因"误会"而产生。

比如法国航海家航行到西非的一处地方，正好遇到一位当地的妇女，于是问她"这里是什么地方"。那位妇女听不懂法语，于是回答"几内亚"，航海家便把这个地方称为"几内亚"，谁知"几内亚"其实是"妇女"的意思。

西方航海家航行到东非的一个地方，问当地的一个老人"这里是什么地方"，那个老人正在做饭，以为航海家手指的是他做饭的锅，于是回答说"我的锅"，航海家就按照他的回答把这个地方称为"吉布提"。

类似的误会还发生过很多次，比如"塞内加尔"是"独木舟"的意思。

三、合时正名——人际沟通的时宜性

由于人的心理状态是不断变化的，因此说服是一种"狙击式行动"，狙击失败，时不再来。这就要求说服者必须考虑时机和场合，把握关键的说服"窗口期"，确保行动的成功率。

安陵缠以颜色美壮，得幸于楚共王。江乙往见安陵缠曰："子之先人，岂有矢石之功于王乎？"曰："无有。"江乙曰："子之身岂亦有乎？"曰："无有。"江乙曰："子之贵何以至于此乎？"曰："仆不知所以。"江乙曰："吾闻之，以财事人者，财尽而交疏；以色事人者，华落而爱衰。今子之华，有时而落，子何以长幸无解于王乎？"安陵缠曰：

"臣年少愚陋，愿委质于先生。"江乙曰："独从为殉可耳。"安陵缠曰："敬闻命矣！"江乙去。居期年，逢安陵缠，谓曰："前日所谕子者，通之于王乎？"曰："未可也。"居期年，江乙复见安陵缠曰："子岂谕王乎？"安陵缠曰："臣未得王之间也。"江乙曰："子出与王同车，入与王同坐，居三年，言未得王之间乎？以吾之说未可耳。"不悦而去。其年，共王猎江渚之野，野火之起若云蜺，虎狼之嗥若雷霆。有狂兕从南方来，正触王左骖，王举旌旄，而使善射者射之，一发，兕死车下。王大喜，拊手而笑，顾谓安陵缠曰："吾万岁之后，子将谁与斯乐乎？"安陵缠乃逡巡而却，泣下沾衿，抱王曰："万岁之后，臣将从为殉，安知乐此者谁？"于是共王乃封安陵缠于车下三百户。故曰："江乙善谋，安陵缠知时。"

——《说苑·权谋》

这个故事说的是战国时期楚国的安陵缠因为美丽的容貌赢得楚共王的宠爱。楚王的重臣江乙去拜见安陵缠，明知故问道："您的祖先有没有立过奋勇杀敌的大功？"安陵缠回答："没有。"江乙又问："您本人有这样的功劳吗？"安陵缠回答："没有。"江乙又问："那您为什么能够享受如此富贵？"安陵缠无奈地回答："我也不知道为什么。"江乙说："我听说，用钱财侍奉人的，一旦钱财用尽，人们同他的交情就会疏远；用姿色取悦于人的，一旦人老色衰，她所得到的宠爱就会减退。今天的您貌美如花，但花朵总要枯萎，您怎样才能让大王永远宠爱您而不嫌弃您呢？"安陵缠连忙说："我年少无知，希望先生为我出主意。"江乙说："您若提出将来为大王殉葬，则一定会感动大王。"安陵缠说："敬听先生之言。"一年之后，江乙遇到安陵缠，问："之前告诉您的殉葬一事，您和大王说了吗？"安陵缠回答："还没有。"又过了一年，江乙又见安陵缠，说："您还没有告诉大王吗？"安陵缠说："我还没有找到同大王提这件事的时机。"江乙说："您出入与大王同乘一辆车，但是过了三年，您却说还没有找到进言的时机，恐怕您还是不认可我的提议吧。"于是不高兴地离开了。这一年，楚共王在江渚之野打猎，围猎时放的野火如天上的云霓，虎啸狼嗥的声音若雷霆一般。狩猎途中，一只发了狂的犀牛从南方冲过来，几乎就要撞到楚共王马车左边的马，楚共王急忙举起指挥的旗子，让善于射箭的人射杀犀牛。一箭射出，犀牛轰然倒在离车很近的地方，这突如其来的一幕让楚共王非常兴奋，他边拍手大笑边回头对安陵缠说："我死后，你还能感受到这样的欢乐吗？"安陵缠恭敬地后退，眼泪掉下沾湿衣襟，抱着大王说："大王千秋万岁之后，我将要跟从大王为大王殉葬，哪里知道以此为乐的是谁呢？"楚共王大为感动，当即就把三百户的领地封给安陵缠。所以刘向记载这件事的时候评论道："江乙善于出谋划策，安陵缠则善于把握时机。"安陵缠并不是不认同江乙的计划，而是一直在等待合适的进言时机，直到狩猎时，趁楚共王血脉偾张、头昏脑热的时候进言，果然很快就获得了封赏。这个故事与现代心理学中的"吊桥效应"有异曲同工之妙。

除了要考虑沟通的时机，还要合理选择沟通对象，找对人，事情才能更简单。

赵取周之祭地，周君患之，告于郑朝。郑朝曰："君勿患也，臣请以三十金复取之。"周君予之。郑朝献之赵太卜，因告以祭地事。及王病，使卜之。太卜谴之曰："周之祭地为祟。"赵乃还之。

——《战国策·东周策》

这一策说的是赵国凭借强大的军事实力夺取了东周的祭祀之地，东周君非常担心，便告诉了谋士郑朝。郑朝说："您不要担心，给我三十金，我替您取回来。"东周君于是给郑朝三十金，郑朝把它献给了赵国主管占卜的官员。等赵王生病的时候，找这位官员来卜卦。这个官员说："都是因为您夺取了周王朝的祭祀之地，得罪了神灵啊！"于是赵

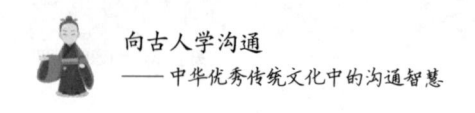

王归还了周的祭祀之地。这个故事告诉我们找对沟通对象是多么重要。

卫人迎新妇，妇上车，问："骖马，谁马也？"御曰："借之。"新妇谓仆曰："拊骖，无笞服。"车至门，扶，教送母曰："灭灶，将失火。"入室见臼，曰："徙之牖下，妨往来者。"主人笑之。此三言者，皆要言也，然而不免为笑者，蚤晚之时失也。

——《战国策·宋、卫策》

《战国策》中讲了一个故事：卫国有人迎娶新娘，新娘上车后，就问："两边拉套的马是谁家的马？"车夫说："借来的。"新娘对仆人说："鞭打两边拉套的马，中间驾辕的马也跑，可以免受鞭打之苦。"车到了新郎家门口，扶新娘下车时，她又对送新娘的老妇说："把灶火灭了，以防失火。"新娘进了新房，看见舂米的石臼，说："把它搬到窗户下面，免得妨碍室内往来的人。"然而公婆家非但不觉得这位新娘贤惠，反而觉得她可笑。虽然新娘这几次说的都是切中要害的话，然而因为新娘刚刚过门，还没有和公婆建立信任就开始提建议，在旁人的观感上就有指手画脚之嫌。

除了以上两点，沟通话题的选择也很重要。

陈登者，字元龙，在广陵有威名。又掎角吕布有功，加伏波将军，年三十九卒。后许汜与刘备并在荆州牧刘表坐，表与备共论天下人，汜曰："陈元龙湖海之士，豪气不除。"备谓表曰："许君论是非？"表曰："欲言非，此君为善士，不宜虚言；欲言是，元龙名重天下。"备问汜："君言豪，宁有事邪？"汜曰："昔遭乱过下邳，见元龙。元龙无客主之意，久不相与语，自上大床卧，使客卧下床。"备曰："君有国士之名，今天下大乱，帝主失所，望君忧国忘家，有救世之意，而君求田问舍，言无可采，是元龙所讳也，何缘当与君语？如小人，欲卧百尺楼上，卧君於地，何但上下床之间邪？"表大笑。备因言曰："若元龙文武胆志，当求之於古耳，造次难得比也。"

——《三国志·魏书七》

这个故事发生在三国时期，当时有位名士许汜，他与刘表、刘备谈论起陈登（字元龙）时说："陈元龙出身江湖，他身上粗野无礼的习气仍然没有改变。"刘备问刘表："许汜君说得对吗？"刘表说："要说不对，许汜君是个有身份的人，不会轻易说假话的；要说他对，陈元龙也同样是名满天下之人呀。"于是刘备问许汜："你凭什么说陈元龙粗野无礼？"许汜说："以前我遭遇战乱路过下邳，去见元龙。元龙对我完全没有主客之礼，不怎么和我说话，而且到了休息时，他自己去大床卧睡，让我这个客人睡在下床。"刘备闻言恍然大悟："您许先生素有国士之名，现在天下大乱，帝王流离失所，元龙希望您能忧国忘家，有匡扶汉室之志。可是您只想到买田地置房产，说的话没什么可以采用的，这就是陈元龙不愿说话的原因。又有什么理由要求元龙和您说话？假如当时换作是我，我肯定会高卧在百尺高楼之上，而让您睡在地上，比陈登对您更加无礼，哪里只有区区上下床的区别呢？"刘表听到这番话也大笑不已。刘备则感慨说："像陈登这样文武足备、胆志超群的俊杰，我以为只有古人才比得上。当今这些芸芸众生，恐怕很难有人望其项背了。"这就是辛弃疾诗词中"求田问舍，怕应羞见，刘郎才气"一句的出处。许汜之所以被刘备、陈登瞧不起，就是因为他在这些英雄豪杰面前，谈的居然是求田问舍一类的庸俗话题，实在是自毁形象。

沟通还应当有正当而高尚的目的，如果目的不纯，即便能言善辩，也会被视为阿谀之辈且遭到鄙视。

晋武帝始登阼，探策得一。王者世数，系此多少。帝既不说，群臣失色，莫能有言者。侍中裴楷进曰："臣闻天得一以清，地得一以宁，侯王得一以为天下贞。"帝说，群臣叹服。

——《世说新语·言语》

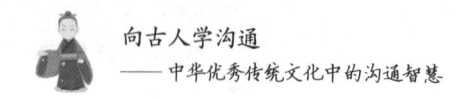

晋武帝司马炎刚登基，用蓍草占卜时，得数为"一"。要推断帝位能传多少代，就看此数。武帝很不高兴，群臣也恐惧得脸色发白，无人敢说话。这时，侍中裴楷急忙解释："臣听说，天得到一就清明，地得到一就安宁，侯王得到一就能成为天下正统。"武帝很高兴，群臣赞叹且佩服他。可是后世的冯梦龙在评论这个故事时却说"纵极赡辞，不能不令人呕秽"。或许正是由于有太多像裴楷这样的阿谀奉承之臣，才造成了西晋王朝的短命。

＊拓展阅读：吊桥效应

心理学中有一种"吊桥效应"，指的是比起在平地上，一个人在吊桥上向异性搭讪并索取联系方式的成功率更高，这是因为人在吊桥上时会不由自主地心跳加快、血压升高等，而这种身体反应会传递到大脑，会被误认为是爱情的感觉。这种"身动带动心动"的现象被称为"具身认知"。因此，沟通者的身心状态是影响沟通效果的重要因素，如果你想要和一个人拉近距离，不妨请对方吃顿火锅吧！因为热乎乎的火锅会让对方的心里产生温暖的感觉，从而实现关系的升温。"世界上没有一顿火锅解决不了的事情，如果有，那就两顿！"

第四章

沟通的忌讳

古人有言曰："口可以食，不可以言。""言"者，有讳忌也；"众口烁金"，言有曲故也。

——《鬼谷子·权篇》

一、语以泄败——懂得保密避危机

"慎言"是中华文化的优良传统，不仅儒家讲究"讷于言"，就算是重视沟通的纵横家和法家，也极度强调"言有忌讳"的原则。明人吕坤在《呻吟语》中说："深沉厚重是第一等资质；磊落豪雄是第二等资质；聪明才辩是第三等资质。"为什么聪明才辩只能算第三等资质呢？因为言多必失，聪明才辩之人往往在话语间或是泄露机密，或是树敌结怨，因此《韩非子》说："事以密成，语以泄败。"

且说孔明自引一军屯于五丈原，累令人搦战，魏兵只不出。孔明乃取巾帼并妇人缟素之服，盛于大盒之内，修书一封，遣人送至魏寨。诸将不敢隐蔽，引来使入见司马懿。懿对众启盒视之，内有巾帼妇人之衣，并书一封。懿拆视其书，略曰："仲达既为大将，统领中原之众，不思披坚执锐，以决雌雄，乃甘窟守土巢，谨避刀箭，与妇人又何异哉！今遣人送巾帼素衣至，如不出战，可再拜而受之。倘耻心未泯，犹有男子胸襟，早与批回，依期赴敌。"司马懿看毕，心中大怒，——乃佯笑曰："孔明视我为妇人耶！"即受之，令重待来使。懿问曰："孔明寝食及事之烦简若何？"使者曰："丞相夙兴夜寐，罚二十以上皆亲览焉。所啖之食，日不过数升。"懿顾谓诸将曰："孔明食少事烦，其能久乎？"

——《三国演义·上方谷司马受困　五丈原诸葛禳星》

《三国演义》第一百零三回中有这样一个故事：诸葛亮和司马懿率军在五丈原对峙，诸葛亮屡次挑战，但司马懿坚持闭门不出。诸葛亮为了激怒司马懿，特意让使者给司马懿送了一套女人的衣服。司马懿虽然心里愤怒，但仍然假装冷静地问使者："诸葛丞相吃饭、睡觉和工作都怎么样啊？"使者毫无防备回答道："诸葛丞相睡得晚起得早，凡是超过惩罚二十军棍以上的事情都要亲自过问。每天吃饭很少。"司马懿对部下诸将说：

"诸葛亮吃得少,操心的事情多,哪能长寿啊!"果然过了不久,诸葛亮病逝于五丈原,司马懿则不战而胜。这个故事告诉我们,在斗争中务必提高警惕、严守秘密,很多不是秘密的事情也可能暴露己方的关键信息。

在人际交往当中,我们应当注意做好自己的保密工作,不能随随便便就把自己的想法、信息,一股脑儿透露给他人。

> 永乐少府陈球说郃曰:"公出自宗室,位登台鼎,天下瞻望,社稷镇卫,岂得雷同,容容无违而已。今曹节等放纵为害,而久在左右,又公兄侍中受害节等,今可表徙卫尉阳球为司隶校尉,以次收节等诛之,政出圣主,天下太平,可翘足而待也!"
>
> 郃曰:"凶竖多耳目,恐事未会,先受其祸。"
>
> 尚书刘纳曰:"为国栋梁,倾危不持,焉用彼相邪!"
>
> 郃许诺,亦与阳球结谋。
>
> 球小妻,程璜之女,由是节等颇得闻知,乃重赂璜,且胁之。
>
> 璜惧迫,以球谋告节,节因共白帝曰:"郃与刘纳、陈球、阳球交通书疏,谋议不轨。"帝大怒。冬,十月,甲申,刘郃、陈球、刘纳、阳球皆下狱,死。
>
> ——《资治通鉴》

东汉灵帝后期,宦官把持朝政,清正之人被诬为逆党,稍有不从便被诛杀。当初司徒刘郃的哥哥和窦武均被杀害。永乐少府陈球对刘郃说:"您是宗室的后代,位在三公之首,天下寄希望于您,您捍卫国家,怎么可以随声附和,唯唯诺诺呢。现在曹节放纵下属作恶,又长期在皇帝身边进献谗言,您的哥哥遭曹节杀害,现在可以举荐阳球担任司隶校尉,依次逮捕曹节等宦官,天下太平很快就可以到来。"刘郃犹豫说:"现在宦官等凶恶小人耳目很多,恐怕还没等到机会,就先受其祸。"这时尚书刘纳便气愤地说:"您作为国家栋梁,国家倾危而不扶持,何必还要您辅佐?"刘

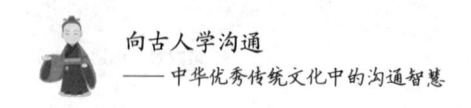

郃这才答应下来，于是，他们便联合阳球，暗中谋划，准备行动。

后面事情的发展真应了刘郃的那句话"凶竖多耳目，恐事未会，先受其祸"。阳球的小妾是中常侍程璜的养女，说巧不巧，阳球他们的密谋，被程璜的女儿知道，随后告知了程璜。加上曹节威逼贿赂程璜，程璜便把其谋告诉了曹节。接下来曹节先行一步，便上奏皇帝："刘郃、刘纳、陈球、阳球等人，经常在暗中勾结，肯定想要造反。"汉灵帝听后大怒，未经调查，便将四人下狱处死，替曹节等宦官报了仇。

夷关折符，无通其使。

——《孙子兵法》

孙子兵法中也曾提到，一旦准备开始作战，就必须把国与国之间的通行证销毁，禁绝双方使节的来往，避免作战计划、排兵布阵等信息的泄露。

有些人可能会认为这是大题小做。实际上两军作战，这是生与死的决斗，任何一点疏忽，都会导致兵败而亡，绝对不能松懈。

古者有二言："墙有耳，伏寇在侧。"墙有耳者，微谋外泄之谓也。伏寇在侧者，沉疑得民之道也。

——《管子·君臣下》

这句话的意思是，要小心隔墙有耳，警惕敌人在身边潜伏。隔墙有耳，会导致自己的密谋外泄。而一旦身边有敌人潜伏，就会导致民心被他人利用。

阳球他们的密谋，很可能就是因为"墙有耳"而泄露出去的。

或者是阳球主动或者不经意间，透露给了自己的妾。如果阳球所知道的只是一些鸡毛蒜皮的事情，那么就算泄露出去了也没有什么影响。但阳球等人所掌握的，是事关生死的大事。如果阳球等人能够做好保密工作，那么很有可能成功诛杀曹节，彻底清理宦官势力，东汉的历史也可能会被他们改写。

通过这个故事可以看到保密工作是多么重要。在这种生死关头，一旦保密工作没有做好，自己的谋划被对手窃取，就相当于把自己的软肋暴露给了对方一样。

重要的事情在行动开始之前切不可告知身边的人，哪怕是与自己很亲密的人。有时，越是亲密的人反而越要保密。切忌在谋划重要事情之时，有第三人在场，即使商量完也不可向第三人提及，否则，小则导致事情失败，大则丢其性命。因泄语造成的教训值得我们时刻警惕。

另外，我们还要学会替他人保密，避免做人际关系的大嘴巴。

一旦我们学会对他人的事情保密，将更容易走进他人的内心，得到他人的信任。

辛幼安流寓江南，而豪侠之气未除。一日，陈同甫来访，近有小桥，同甫引马三跃，而马三却。同甫怒，拔剑斩马首。徒步而行。幼安适倚楼而见之，大惊异，即遣人询访，而陈已及门，遂与定交。后十数年，幼安帅淮，同甫尚落落贫甚，乃访幼安于治所，相与谈天下事。幼安酒酣，因言南北利害，云：南之可以并北者如此，北之可以并南者如此。"钱塘非帝王居，断牛头山，天下无援兵，决西湖水，满城皆鱼鳖。"饮罢，宿同甫斋中。同甫夜思：幼安沉重寡言，因酒误发，若醒而悟，必杀我灭口，遂中夜盗其骏马而逃。幼安大惊。后同甫致书，微露其意，为假十万缗以济乏。幼安如数与焉。

——《智囊·明智部》

辛弃疾寄居江南时，曾有一位好友，此人名叫陈亮，字同甫，是"永康学派"的代表人物。陈亮也是一位"侠士"，他久闻辛弃疾的大名，便

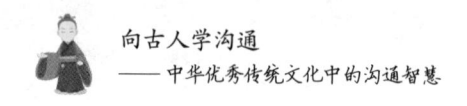

骑马来结交辛弃疾。辛弃疾楼下有一座小桥，陈亮的马却死活都不肯过桥，陈亮一气之下，拔出身上的宝剑，斩下马头。辛弃疾在楼上正好看见这一幕，感到十分诧异，于是派人去询问原因，这时陈亮已来到门前了，从此以后两个人就成了好朋友。

辛弃疾和陈亮意气相投，二人惺惺相惜，每次相见，必畅饮，还创造了著名的"鹅湖之会"。此后数年，不管辛弃疾身在高位，还是被贬江南，都一直和陈亮保持联系。

十多年后，辛弃疾重新被朝廷重用，担任淮地将领，陈亮却郁郁不得志，辛弃疾邀请陈亮来淮地，二人相见，一番契阔，后举杯痛饮。当天晚上，辛弃疾心情大好，连喝几坛烈酒，说话也不像之前那样谨慎。辛弃疾渐渐喝醉，拍着陈亮的肩膀谈论天下大事，从南宋的内政，谈到金国的军事形势，再谈论南宋该如何收复失地。最后，辛弃疾酒后失言："钱塘非帝王居，断牛头山，天下无援兵，决西湖水，满城皆鱼鳖。"意思是，南宋的都城并不适合建在杭州一带，因为这一带地势危险，若金人占领牛头山，就能轻易阻断四方来救援的兵马。若是他们再掘开西湖之水来灌城，整个都城的人，上至君王，下至百姓都将变成水中的鱼鳖。

辛弃疾酒后失言，不仅说南宋都城选址不合适，还说都城之人可能会成为鱼鳖。虽然辛弃疾所言非虚，但他身为朝廷将领，明显是妄议朝政，若被别人知道，必然会被抄家灭族。

辛弃疾说得起劲，陈亮听得却如坐针毡。辛弃疾喝到半夜，终于让人安排陈亮去休息。陈亮辗转反侧，难以入眠，心想："幼安沉重寡言，因酒误发，若醒而悟，必杀我灭口。"陈亮的心思是：辛弃疾平时沉默寡言，这一次酒后失言，说了很多不该说的话。若等他酒醒过来，怕昨晚说的话被传出去，必然会杀我灭口。

其实，辛弃疾或许不是陈亮所想的这种人，但陈亮为了自己的性命，不敢冒险。于是，他半夜连忙穿起衣服，偷走辛弃疾的马连夜逃跑。

陈亮的不辞而别让辛弃疾感到事情不对，于是派人追赶，但兵荒马乱

第四章 沟通的忌讳

的，到哪去追呢？

没过多久，陈亮给辛弃疾写信，要辛弃疾借他十万缗钱。他特意在信中暗示辛弃疾那晚酒后说的话。辛弃疾惊出一头冷汗，赶紧把钱"借"给了陈亮。

故事中的辛弃疾酒后失言，被陈亮抓住了把柄。然而这还是在朋友之间，如果在敌人面前泄密，造成的后果将更为严重。

秦朝灭亡之后，刘邦和项羽进行了数年的楚汉战争，这期间，发生了许多惊心动魄的历史事件，其中就有大家非常熟悉的鸿门宴。认真分析起来，鸿门宴故事中矛盾的引发、故事的高潮与结局其实都是围绕一系列的泄密事件展开的。

> 沛公左司马曹无伤使人言于项羽曰："沛公欲王关中，使子婴为相，珍宝尽有之。"
>
> 项羽大怒，曰："旦日飨士卒，为击破沛公军！"
>
> ——《史记·项羽本纪》

首先是刘邦阵营中出了叛徒，左司马曹无伤把刘邦的政治企图派人告诉了项羽。此泄密事件引发了冲突的开始，如果战争就这样爆发的话，就没有这段脍炙人口的鸿门宴故事了，中国的历史也就得重写了。在这千钧一发的时刻，正应了那句老话：无巧不成书！项羽的阵营里也出了泄密者。

> 楚左尹项伯者，项羽季父也，素善留侯张良。张良是时从沛公，项伯乃夜驰之沛公军，私见张良，具告以事。
>
> ——《史记·项羽本纪》

项羽的这位叔父项伯怕自己的好朋友张良与刘邦玉石俱焚，就连夜跑

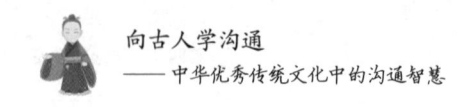

到张良那里，将明天的军事行动计划全盘托出。

张良当然不能坐视刘邦被灭，于是就运筹帷幄，导演了第二天那出精彩的鸿门宴。可以说，是第二个泄密事件促成了鸿门宴的上演。不禁叫人感慨，两次非组织领导者的泄密，却实实在在地改写了历史。

二、宠辱不惊——控制情绪是高手

除了保密之外，在沟通中还要注意控制自己的情绪。

时张贵人有宠，年几三十，帝戏之曰："汝以年当废矣。"贵人潜怒，向夕，帝醉，遂暴崩。

——《晋书·帝记》

公元396年的一天，晋孝武帝司马曜让宠妃张贵人陪自己饮酒，张贵人不胜酒力，几杯后开始推辞，司马曜开玩笑地说："你已经年老色衰，早该被废黜了。"还说要废掉她，改立其他年轻貌美的妃子。张贵人闻言，顿起杀心，当晚就伙同心腹，用被子把司马曜活活闷死了。司马曜之死是因为他没有控制住愤怒的情绪，酒后口无遮拦，给自己招来杀身之祸。

夫六晋之时，知氏最强，灭范、中行，又率韩、魏之兵以伐赵，灌以晋水，城之未沈者三板。知伯出，魏宣子御，韩康子为骖乘，知伯曰："始吾不知水可以灭人之国，吾乃今知之。汾水可以灌安邑，绛水可以灌平阳。"魏宣子肘韩康子，康子践宣子之足，肘足接乎车上而知氏分于晋阳之下。今足下虽强，未若知氏，韩、魏虽弱，未至如其晋阳之下也。此天下方用肘足之时，愿王勿易之也。

——《韩非子·难三》

第四章　沟通的忌讳

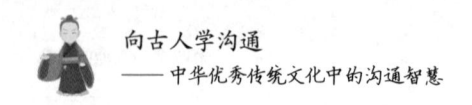

春秋末期，晋国有六家最强的权臣大夫，其中智氏①的实力最强，智氏先攻灭了范氏、中行氏两家，然后联合韩、魏两家围攻赵氏。联军挖开晋水，几乎要用水淹没赵氏的晋阳城。但就在胜利近在咫尺的时候，智氏的族长智伯瑶得意忘形，让魏氏的族长魏宣子替自己驾车，韩氏的族长韩康子做自己的"骖乘"，兴高采烈地说："我以前可不知道用水就能消灭一个国家啊，今天可算知道了。"接下来的话更是令人毛骨悚然："汾水可以灌魏的封地安邑，而绛水可以灌韩的封地平阳啊！"听了他这句话，魏宣子偷偷用手肘捅韩康子，而韩康子悄悄踩魏宣子的脚。《韩非子》评价说：就在这一捅一踩之间，智伯被杀死的命运已经注定了啊！可以说，智伯之败，与他得意忘形、管不住自己的嘴有很大关系！

攸字子远，少与袁绍及太祖善。初平中随绍在冀州，尝在坐席言议。官渡之役，谏绍勿与太祖相攻，语在《绍传》。绍自以强盛，必欲极其兵势。攸知不可为谋，乃亡诣太祖。绍破走，及后得冀州，攸有功焉。攸自恃勋劳，时与太祖相戏，每在席，不自限齐，至呼太祖小字，曰："某甲，卿不得我，不得冀州也。"太祖笑曰："汝言是也。"然内嫌之。其后从行出邺东门，顾谓左右曰："此家非得我，则不得出入此门也。"人有白者，遂见收之。

——《三国志·魏书十二》

三国时期的许攸在官渡之战期间从袁绍一方叛逃曹操一方，立下了大功。但是他居功自傲，经常和曹操没大没小地开玩笑，而且常常称呼曹操的小名，说："要是没有我，你可得不到冀州啊！"曹操表面笑着说："你说得对啊！"可是心里已经嫌恶许攸了，后来找个机会便杀掉了许攸。许攸死于他的傲慢骄横。

---

① 智，《韩非子》中子作"知"，《战国策》《说苑》等文献中多作"智"，故本书使用"智"。

第四章 沟通的忌讳

在沟通过程中，即使失意也应控制情绪，保持心态，忌一时冲动妄言。

夏，四月，辛丑朔，日有食之。

杨恽既失爵位，家居治产业，以财自娱。其友人安定太守西河孙会宗与恽书，谏戒之，为言："大臣废退，当阖门惶惧，为可怜之意；不当治产业，通宾客，有称誉。"恽，宰相子，有材能，少显朝廷，一朝以晻昧语言见废，内怀不服，报会宗书曰："窃自思念，过已大矣，行已亏矣，常为农夫以没世矣，是故身率妻子，戮力耕桑，不意当复用此为讥议也！夫人情所不止者，圣人弗禁；故君、父至尊、亲，送其终也，有时而既。臣之得罪，已三年矣，田家作苦，岁时伏腊，烹羊，炰羔，斗酒自劳，酒后耳热，仰天拊缶而呼乌乌，其《诗》曰：'田彼南山，芜秽不治；种一顷豆，落而为萁。人生行乐耳，须富贵何时！'诚荒淫无度，不知其不可也。"又恽兄子安平侯谭谓恽曰："侯罪薄，又有功，且复用！"恽曰："有功何益！县官不足为尽力。"谭曰："县官实然。盖司隶、韩冯翊皆尽力吏也，俱坐事诛。"会有日食之变，驺马猥佐成上书告"恽骄奢，不悔过。日食之咎，此人所致。"章下廷尉，按验，得所予会宗书，帝见而恶之。廷尉当恽大逆无道，要斩；妻子徙酒泉郡；谭坐免为庶人，诸在位与恽厚善者，未央卫尉韦玄成及孙会宗等，皆免官。

——《资治通鉴》

杨恽失掉封爵、官位后，住在家里治理产业，用财富自我娱乐。杨恽的朋友安定郡太守孙会宗写信劝诫他说："大臣被罢黜贬谪之后，应当闭门在家，惶恐不安，以示可怜之意。不应治理产业，交结宾客，使名声在外。"杨恽为丞相杨敞之子，很有才干，年轻时就在朝廷中崭露头角，一时受到晻昧语言的中伤，遭到罢黜，内心不服，给孙会宗回信说："我暗自思量，自己的过错已太大了，行为已有亏欠，将长久做一名农夫度过一生，所以率领妻子儿女，致力于农桑之事，想不到又因此受人讥评！人情所不能克制的

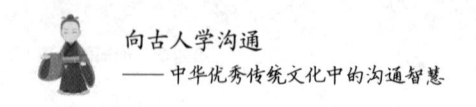

事，连圣人都不加禁止。所以即使是至尊无上的君王，至亲无比的父亲，为他们送终，也有一定的时限。我得罪皇上，已经三年了，农家劳作辛苦，每年伏日、腊月，煮羊炖羔，用酒一斗，自我犒劳，酒后耳热，仰面朝天，敲着瓦盆，放声吟唱：'南山种田，荒芜杂乱，种一顷豆，落地成秧。人生不过及时乐，等待富贵何时来！'就算是荒淫无度，我不知不可以如此。"

后来杨恽兄长的儿子安平侯杨谭对杨恽说："你的罪并不大，又曾于国有功，将会再次被任用。"杨恽说："有功又有什么用！不值得为皇上尽力！"杨谭说："皇上确实如此。司隶校尉（京城及其周边地区的监察官）盖宽饶、左冯翊韩延寿都是尽职的官吏，都因事被诛杀。"

正巧出现日食，一个名叫佐成的马夫头上书控告杨恽说："杨恽骄傲奢侈，不思悔过。这次出现日食，就是因为杨恽的关系。"奏章交给廷尉，经过核查，发现了杨恽写给孙会宗的信，汉宣帝看了以后，对杨恽深恶痛绝。于是让廷尉判处杨恽大逆不道之罪腰斩；妻儿放逐酒泉郡；杨谭受其牵连，也被贬为平民；几位与杨恽关系友善的在职官员，如未央卫尉韦玄成和孙会宗等，都被罢免官职。

杨恽在沟通中被情绪控制，从对别人发牢骚的内容来看，他明显是一直怄着气，怨恨皇帝不用自己。作为士大夫，在朝堂可以为国效力，在家也可以耕读为生，著书立传。因一时为情绪所控，口出狂言，最终招致恶果，连累他人。

翻性疏直，数有酒失。权与张昭论及神仙，翻指昭曰："彼皆死人，而语神仙，世岂有仙人邪！"权积怒非一，遂徙翻交州。

——《三国志·吴书十一》

虞翻是三国时期吴国著名的谋臣，也是中国历史上著名的学者，他学识渊博又刚正不阿，曾经在孙权袭取荆州的战役中出谋划策、立过大功。但虞翻心直口快，遇到看不过眼的事情总会出言讥讽，曾经公然羞辱降将于禁和糜芳，使他们自惭形秽。但虞翻也多次因为口无遮拦而触怒主公孙权。有一次，孙权与张昭讨论神鬼修仙的事情，虞翻听到后指着张昭说："你是个早晚会死的人，竟然谈论这些神仙的事情，世上哪有仙人哪！"他可能没有意识到这番话连自己的主公孙权也一并被骂作"死人"了，果然孙权大怒，新账旧账一起算，把虞翻贬到遥远的交州去做官，直到虞翻去世都没能官复原职。或许虞翻说那番话的意图是想劝谏主公远离那些迷信活动，但因为他难以控制好自己的情绪，导致语出不逊，结果触碰了主公的"逆鳞"，最终让一代名臣落得如此遗憾的下场。

＊拓展阅读：踢猫效应——人与人之间的泄愤连锁反应

"踢猫效应"是一种社会心理学现象，描绘的是一种典型的负面情绪的传染。当一个人面临压力或遭遇挫折时，他可能会将这种负面情绪转嫁给他人，尤其是那些力量相对较弱或不容易反抗的人或物。"踢猫效应"涉及一个重要的心理学原理，即心理转移。

当一个人不能直接面对或解决他的烦恼或问题时，他可能会通过发泄情绪来减轻痛苦。这通常是一种不健康的应对机制，因为它不仅不能解决原始问题，还可能会对其他人或事物产生负面影响。这种效应可以产生连锁反应，由金字塔尖一直扩散到最底层，无处发泄的最弱小的那一个元素，则成为最终的受害者。它实际上是一种心理疾病的传染，人的不满情绪和糟糕心情，一般会沿着等级和强弱组成的社会关系链条依次传递。有时团队领导者在情绪失控时也会向下属随意释放情绪，出言不逊。在沟通中，要控制情绪，不要让自己的不良情绪或言语影响团队。

三、言必有信——恪守诚信得人心

子曰："人而无信，不知其可也。大车无輗，小车无軏，其何以行之哉？"

——《论语·为政》

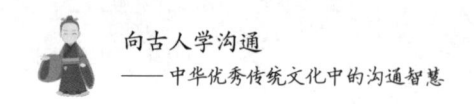

孔子说："一个人如果没有信用，不知道他还可以做什么。就像大车没有輗，小车没有軏，它们靠什么行进呢？"

一个人如果不讲信用，就不知道他还可以做什么了，在这句话下孔子还用了一个比喻，说一个人要是真不讲信用，就像一辆车，没有了辕端跟横木连接处的插销，这车根本就拉不动，还让它怎么走呢。人都是生活在社会中的，每个正常人都必须跟其他人沟通，跟其他人沟通，都应该以人的一种美德来保障，这就是诚信。

凡人主必信。信而又信，谁人不亲？……信立则虚言可以赏矣。虚言可以赏，则六合之内皆为己府矣。信之所及，尽制之矣。制之而不用，人之有也；制之而用之，己之有也。己有之，则天地之物毕为用矣……

君臣不信，则百姓诽谤，社稷不宁。处官不信，则少不畏长，贵贱相轻。赏罚不信，则民易犯法，不可使令。交友不信，则离散郁怨，不能相亲。百工不信，则器械苦伪，丹漆染色不贞。夫可与为始，可与为终，可与尊通，可与卑穷者，其唯信乎！

——《吕氏春秋·贵信》

先秦政治家吕不韦在他主持撰写的名著《吕氏春秋》中就对诚信缺失给人们、给社会带来的危害做过全面的剖析。他专门写了一篇《贵信》论诚信的可贵，其中说凡是君主一定要讲诚信。反复强调诚信，树立了良好的口碑，就可以获得民众的信任。树立了诚信就可以鉴别出那些假话，领导者能够鉴别假话，那么就有能力统治天地四方。诚信所达到的地方，就都能受自己的统治。能够统治却不能利用，仍然不算是为自己所掌控；能够控制而又加以利用，才是真正为自己所掌控。为自己所掌控，那么天地间的事物就全都可以为自己所用了。

君臣不讲诚信，那么百姓就会有怨言，国家就不会安宁。做官不讲诚信，那么年少的就不敬畏年长的，地位尊贵的和地位低贱的就相互轻视。

赏罚不讲诚信,那么百姓就容易犯法,无法建立有效的秩序。结交朋友不讲诚信,那就会离散怨恨,不能相互亲近。各种工匠不讲诚信,那么制造器械就会粗劣作假,丹、漆等颜料就不纯正。可以让人们一同开始、一起终结,可以让富贵者和卑微者一致认同的,恐怕只有诚信吧!

里克使迎夷吾于梁。夷吾欲往,吕省、郤芮曰:"内犹有公子可立者而外求,难信。计非之秦,辅强国之威以入,恐危。"乃使郤芮厚赂秦,约曰:"即得入,请以晋河西之地与秦。"及遗里克书曰:"诚得立,请遂封子于汾阳之邑。"秦缪公乃发兵送夷吾于晋。

——《史记·晋世家》

晋献公晚年因宠信骊姬而引发骊姬之乱,公子重耳逃往翟国,公子夷吾(晋惠公)逃往梁国,太子申生被逼自杀。公元前651年(晋献公二十六年),晋献公去世后,晋国内部以里克为首的贵族发动兵变,先后两任国君被杀,晋国处于无君状态。夷吾想回国即位却又不想成为大臣们的傀儡。此时夷吾手下谋士献上计策:"重耳之所以放弃千载难逢的好机会,因为他看清了如今的形势,毕竟我们是违背先君的意愿出逃他国,倘若现在回去百姓怎么看待我们?而且现在国内各种势力错综复杂,回去恐怕也是驱羊入虎穴。但是捷足要先登,我们不能错过这次机会。"公子夷吾听取谋臣们的建议,对内向里克许诺,倘若回国即位,封里克为国相,赐封地百万亩,赐郤郑封地七十万亩。对外向秦国许诺,如果秦国出兵护送他们回国即位,他将晋国河西的五座城池割让给秦国。公元前651年(晋献公二十六年),公子夷吾在秦军的护送下回国即位,是为晋惠公。

惠公夷吾元年,使郤郑谢秦曰:"始夷吾以河西地许君,今幸得入立。大臣曰:'地者先君之地,君亡在外,何以得擅许秦者?'寡人争之

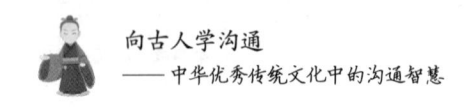

弗能得，故谢秦。"

——《史记·晋世家》

晋惠公即位以后，按照常理来说应该兑现自己的承诺，将五座城池割给秦国。但是晋惠公没有信守诺言，他派使者邳郑给秦穆公赔礼道歉："夷吾本想割给秦国五座城池，但是遭到了大臣们的强烈反对，大臣皆认为晋国的领土为先君之地，是将士们抛头颅洒热血换来的。夷吾流亡在外多年，寸功未立，没有资格擅作主张割让领土，夷吾与大臣们争论辩驳却仍没有得到同意，所以特地向您赔礼道歉，您的恩情我铭记在心，只能来日再报答。"晋惠公因此而失信于诸侯。

与此同时，许诺赐给贵族们的领土，也是尺土不让，此时晋惠公哥哥重耳还流亡他国，他怕自己的背信弃义遭到贵族的不满，怕他们支持流亡在外的重耳，于是将里克等贵族杀害。晋惠公对内对外都背信弃义，又诛杀贤臣，国民颇为不满，从此以后晋惠公便渐渐失去民心。

后来秦国发生自然灾害，晋国五谷丰收，秦国便理所当然向晋国借粮。晋国大夫庆郑建议："国君是依靠秦国才得以即位，先前失诺于秦国，秦国不计前嫌帮助我们度过饥荒，出于道义，我们不能不帮助秦国。"晋惠公舅父虢射开始出馊主意："上天赐予我们灭秦的好时机，不如趁机灭秦，借此来获得更多的利益。"晋惠公听取舅父之谗言，开始调集军队讨伐秦国，秦国知道后群情激愤，没有等到晋国军队入秦，便调集军队讨伐晋国，晋惠公被秦军俘虏，晋军惨败。此为韩原之战。

晋惠公失诺于诸侯，失信于贤臣，慢慢丧失了做人的底线，一步步沦为背信弃义之徒，成为春秋史上最卑劣的国君之一。秦国屡次施恩于晋国，晋惠公却丝毫没有感激之情，反而恩将仇报，最终落得臭名昭著百姓不帮的地步。关于韩原之战后，被俘的晋惠公命运如何，我们在本书第十章还会继续交代。

小信成则大信立，故明主积于信。赏罚不信，则禁令不行。

——《韩非子·外储说左上》

这种树立威信的做法不仅适用于领导者，也适用于个人。"人无信不立"，现代社会对诚信的要求更高，因此我们每个人都要在一件件小事中让自己"言必信，行必果"，树立起诚信的良好形象，这就是《韩非子》中所言的"小信成则大信立"。

文侯与虞人期猎。是日，饮酒乐，天雨。文侯将出，左右曰："今日饮酒乐，天又雨，公将焉之？"文侯曰："吾与虞人期猎，虽乐，岂可不一会期哉！"乃往，身自罢之。魏于是乎始强。

——《战国策·魏策》

《战国策》记载战国时的魏文侯与负责守山泽的官员约好入山狩猎，到了约定的当天，魏文侯在酒宴上喝得正开心，同时天又下起了雨。文侯却执意结束酒宴去赴约，文侯的臣下劝道："今天的酒宴上您喝得很开心，而现在天又下起雨来，您准备到哪里去呢？"魏文侯回答："我和守山泽的官员有约在先，现在虽然快乐，但怎可违背了之前的约定呢？"于是亲自去山里找到那位官员取消了这次狩猎。魏国的强盛自此开始。而《韩非子》中记载的另一个故事则讲述了不讲诚信的危害。

楚厉王有警鼓，与百姓为戒。饮酒醉，过而击，民大惊。使人止之，曰："吾醉而与左右戏而击之也。"民皆罢。居数月，有警，击鼓而民不赴。乃更令明号而民信之。

——《韩非子·外储说左上》

楚厉王设置了一座用于警报的鼓，遇到紧急的情况就用击鼓来召集老

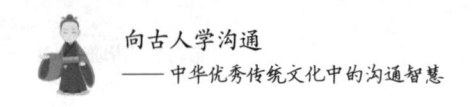

百姓守城。有一天，楚厉王喝醉酒了，拿起鼓槌击鼓，老百姓大为惊慌，集结起来准备守城。楚厉王派人去制止他们说："我喝醉了酒就同大臣们开玩笑，误敲了鼓。"老百姓听了都回家了。

过了几个月，真的发生了紧急情况，当楚厉王再击鼓发出警报，没有老百姓赶去守城了。后来楚厉王吸取了教训，更改了原先的命令重新申明报警信号，老百姓才逐渐相信他。这个"狼来了"的故事告诉我们失去诚信将是一件多么危险的事情。

  济阴之贾人，渡河而亡其舟，栖于浮苴之上，号焉。有渔者以舟往救之。未至，贾人急号曰："我济上之巨室也，能救我，予尔百金！"渔者载而升诸陆，则予十金。渔者曰："向许百金，而今予十金，无乃不可乎？"贾人勃然作色曰："若，渔者也，一日之获几何？而骤得十金，犹为不足乎？"渔者黯然而退。他日，贾人浮吕梁而下，舟薄于石又覆，而渔者在焉。人曰："盍救诸？"渔者曰："是许金而不酬者也。"立而观之，遂没。

——《郁离子》

从前，济阴有个商人，渡河时他的船沉没了，（他）停留在水中的浮草上，在那里求救。有一个渔夫用船去救他，还没有靠近，商人就急忙号叫道："我是济阴的大富翁，你如果能救我，我会给你一百两金子。"渔夫把他救上岸后，商人却只给了他十两金子。渔夫说："当初你答应给我一百两金子，可现在只给十两，这岂不是不讲信用吗？"商人勃然大怒道："你一个打鱼的，一天的收入该有多少？你突然间得到十两金子还不满足吗？"渔夫失望地走了。后来有一天，这商人乘船顺吕梁湖而下，船触礁沉没，他再一次落水。正好原先救过他的那个渔夫也在那里。有人问渔夫："你为什么不去救他呢？"渔夫说："他就是那个答应给我一百两金子而不兑现承诺的人。"渔夫撑船上岸，远远地观看那位商人在水中挣扎，商人很快就沉入水底，商人最终因为自己的言而无信失去了生命。不要以为这样的故事只存在于寓言中，其实在春秋时期，真的有人因为不守诚信而死！

齐侯使连称、管至父戍葵丘。瓜时而往，曰："及瓜而代。"期戍，公问不至。请代，弗许。故谋作乱。

——《左传·庄公八年》

齐襄公当初派连称、管至父二人戍守葵丘，他们出发的时候正好赶上种瓜的时节，齐襄公就许诺道："等瓜熟了就找人去替换你们"。可是等到瓜熟的时候，齐襄公并没有派人去替换二人，于是二人专门派人进献熟了的瓜给齐襄公表示提醒，可谁知齐襄公仍然无动于衷。二人又明确提出申请，可还是被齐襄公拒绝了。于是二人大怒，开始谋划反叛的事情。最终带兵回都城，杀掉了齐襄公。齐襄公万万没想到，因为自己没有遵守一句"及瓜而代"的诺言，居然付出了生命的代价。

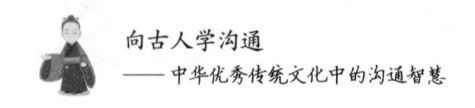

＊拓展阅读：言而无信背后的心理动机

言而无信的生理因素。美国南加利福尼亚大学的心理学家艾德里安·莱恩说："有些人的大脑结构使他们比常人更善于自我欺骗，表现为言而无信，这些人更擅长进行与眼前利益有关的推敲和算计。"

莱恩发现，言而无信者的本质是自我欺骗的谎言，他们的大脑前额皮层拥有更丰富的白质。白质是一种白色的神经组织，说谎的时候，这些组织非常活跃，而惯于说谎者大脑中的另一种物质——灰质却相对较少。这是科学家第一次发现失信者和普通人之间存在生物学上的不同。

言而无信的心理因素。对于有些人，言而无信几乎是惯常行为，张口就来，他们一遍遍地演绎着"狼来了"的故事，没有丝毫悔意。他们到底是出于何种心理？一次次的失约带给他们的是什么？如果一个人经常做不到言而有信，通常的理解是缺乏责任感，这种人为什么担不起自己的责任呢？深度心理分析，其本质是内在的自卑和自体的脆弱，从而导致以下几种表现。

强烈的虚荣心。每个人都有向往更好的生活并使别人羡慕自己的本能，而当内在自卑反向表达时，形成虚荣。他们构建幻想中的完美，不能接受自己比别人差。当自己的某些方面没有优越性的时候，就会想方设法地编造谎言来抬高自己。他们在一次次失约的谎言中满足自己的心理需求，达到一种很强的快感。而且他们会拼命地暗示自己，相信自己的谎言，久而久之，他们自己都分不清楚事实和谎言，并深信自己说的就是现实。

逃避现实。在现实生活中，浪漫和惊喜并不多见，而烦恼和痛苦却如影随形。为了摆脱这些烦恼，人们常常用幻想来安慰自己。当压力和痛苦超过所能承受的极限时，就会选择逃避，承诺只是为了让自己放松下来，得到暂时的心理满足。

缺乏自我认同。言而无信者往往缺乏自我认同，对于"我是谁"、要"成为谁"是模糊的。他们通常对自己的现状很不满意，又没有能力去改变它，心理上非常失落。为了安抚自己，达到心理平衡和快慰，就采取了用否认的方式达到一种自我欺骗的满足。当被现实刺破的时候，他们会更加无地自容，对环境更加惧怕和焦虑，表现为负性反馈系统。

若失信行为变成习惯，成为一种出于自我防御、自我保护的无意识行为，就会最终发展成为性格特征的一部分。这样的人往往采用较为低级的防御机制，如否认、隔离、幻想、理想化等。

第五章

沟通功能一：探查信息

第五章 沟通功能一：探查信息

赠君一法决狐疑，不用钻龟与祝蓍。
试玉要烧三日满，辨材须待七年期。
周公恐惧流言日，王莽谦恭未篡时。
向使当初身便死，一生真伪复谁知？

——《放言》

唐代的白居易借这首诗告诉世人一个道理：想要了解一个人是非常困难的，无论是占卜，还是看表象，都不足以给一个人公正的评价。因此诗人得出一个无奈的办法——让时间来揭晓答案。可现实中往往机不可失、时不再来，很多关键局面必须依靠关键人物才能获得奇效。那么如何识人就成了古往今来很多人都在钻研的学问。诗中提到的两个典故也印证了这种"知人之难"。

"周公恐惧流言日"说的是在周朝建立之初，周武王英年早逝，留下未成年的周成王，武王的弟弟周公旦摄政辅佐成王，武王的另一位弟弟管叔就在兄弟之间散播流言，说周公有"不利于成王"之心，致使周公惶恐异常，差点跑去封地避难的故事。

而"王莽谦恭未篡时"则说的是汉末的王莽在篡汉称帝之前，表现得

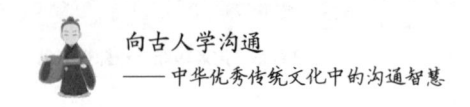

极为谦恭和清廉，常把自己的俸禄分给门客和平民，甚至卖掉马车接济穷人，在民间深受爱戴，威望极高。

人类心理活动的内隐性、人与人之间不同的立场以及沟通中存在的信息损耗和误读，都可能造成信息失真的现象。如果我们基于不真实的信息进行决策，就很可能做出错误的判断，从而招致失败的结局。因此，无论是对于领导者还是对于普通人来说，通过沟通获得更加真实可靠的信息都是非常必要的。

帝曰："畴咨若予采？"欢兜曰："都！共工方鸠僝功。"帝曰："吁！静言庸违，象恭滔天。"

——《尚书·尧典》

《尚书》的第一篇《尧典》就记载了上古的贤君尧向群臣咨询该提拔重用哪些人才。他问："该提拔谁来主持政务呢？"这时一名叫欢兜（也写作"驩兜"）的臣子说："共工治理水灾，他在聚拢民众方面很有才干。"尧并不认同欢兜的说法，他说："哼！共工这个人花言巧语，阳奉阴违，经常违背我的命令做坏事。他貌似恭顺，但实际上既轻慢又嚣张。"因此尧并没有重用共工，而是多方考察，最终选择了没有从政经验的舜。

然而时间宝贵，在生活、工作节奏越来越快的现代社会，我们不见得拥有尧知人善任的圣明，像诗人白居易说的那样耗费七年时间去"辨材"也不太现实，因此必须通过有效的沟通手段去更好地获取信息。

一、反而求之——通过细节获得有效信息

每一本讲沟通的书都会强调倾听的重要性，然而倾听绝不是被动地接受信息，而是要通过合理的回应，让表达者获得更好的倾诉体验。如果我们以获取信息为目的，就更加需要高明的倾听技巧了。

人言者，动也；己默者，静也。因其言，听其辞。言有不合者，反而求之，其应必出。

——《鬼谷子·反应》

《鬼谷子》的《反应》篇中说："在别人讲话时我方要保持沉默，仔细分析对方的言辞。当言辞之中有不合常理的地方，则针对这一点反复询问，对方最终必然会说出实情。""魔鬼藏在细节之中"，谎言与实情的区别在于缺乏细节，在不断追问之下就会露出马脚。

李靖为岐州刺史，或告其谋反，高祖命一御史案之。御史知其诬罔，请与告事者偕。行数驿，诈称失去原状，惊惧异常，鞭挞行典，乃祈求告事者别疏一状。比验，与原状不同，即日还以闻，高祖大惊，告事者伏诛。

——《智囊·察智部》

李靖任岐州刺史时，有人告他谋反。唐高祖李渊命令一位御史来审判。御史知道李靖是被诬告的，就请求和原告同行。走过几个驿站后，御史假装原状丢了，非常恐惧，鞭打了随行的官吏，于是请求原告再另外写一张状子，然后拿来和原状比对，内容果然大不相同。当天就回京师报告结果，唐高祖大惊，而原告则因诬告而被判死罪。这位御史就是通过让原告重复描述，然后对比细节来寻找破绽，从而还李靖以清白。

为什么这种反复询问细节的方式能够获得真相？因为说谎者在捏造事实的时候，会把注意力放在核心环节上，对于细节肯定不会编造得那么圆满，特别是在对细节的追问之下，会出现逻辑无法自洽的情况。通过这些自相矛盾的事实，就可以找出对方存在的破绽了。

《水浒传》第三十九回《浔阳楼宋江吟反诗　梁山泊戴宗传假信》中就有这样的一段：话说宋江在被发配江州时，因为酒醉在浔阳楼上题了反

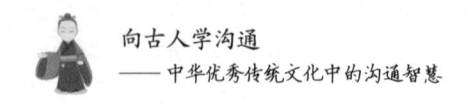

诗。不巧这诗正好被当地的在闲通判黄文炳看到，黄文炳将此事举报到知府蔡九（当朝宰相蔡京之子）那里，并通过层层抽丝剥茧，将宋江判了死刑。蔡九吩咐下属神行太保戴宗去东京汴梁送信，替黄文炳向父亲蔡京请功。他不知这戴宗与宋江是生死之交，而戴宗在送信途中又被梁山好汉俘获。与宋江交好的梁山好汉们绞尽脑汁解救宋江，最终由吴用想到一条伪造书信之法，企图瞒过蔡九，让他把宋江送到东京汴梁，这样梁山好汉就可以在半路解救宋江。这封伪造的书信由擅长书法的圣手书生萧让撰写，萧让将蔡京的笔迹模仿得惟妙惟肖。这封书信几乎成功骗过了蔡九，岂料细心的黄文炳从印章中看出了破绽，让蔡九对戴宗产生了怀疑，于是蔡九就使用了"因其言，听其辞。言有不合，反而求之"的方法，最终让戴宗露出了马脚。

　　蔡九把戴宗请到厅上，假意要重重赏他，然后问道："我正连日事忙，未曾问得你个仔细。你前日与我去京师，那座门入去？"意思是问戴宗从哪个城门进的东京城。戴宗道："小人到东京时，那日天色晚了，不知唤做甚么门。"这时戴宗的破绽已现，蔡九又问："我家府里门前谁接着你？留你在那里歇？"意思是问戴宗到蔡京府上由谁接待，住在什么地方。戴宗回答："小人到府前，寻见一个门子，接了书入去。少顷，门子出来，交收了信笼，着小人自去寻客店里歇了。次日早五更，去府门前伺候时，只见那门子回书出来。小人怕误了日期，那里敢再问备细。慌忙一径来了。"知府再问道："你见我府里那个门子，却是多少年纪？或是黑瘦也白净肥胖？长大也是矮小？有须的也是无须的？"见蔡九问到那门子的长相，戴宗更加慌乱，只好回答："小人到府里时，天色黑了。次早回时，又是五更时候，天色昏暗，不十分看得仔细。只觉不甚么长，中等身材，敢是有些髭须。"知府大怒，喝一声："拿下厅去！"傍边走过十数个狱卒牢子，将戴宗拖翻在当面。戴宗告道："小人无罪。"知府喝道："你这厮该死！我府里老门子王公，已死了数年，如今只是个小王看门，如何却道他年纪大，有髭髯？况兼门子小王，不能勾入府堂里去，但有各处来的书信缄帖，必须经由府堂里张干办，方才去见李都管，然后达知里面，才收礼物。便要回书，也须得伺候三日。我这信笼东西，如何没个心腹的人出来，问你个常便备细，就胡乱收了？我昨日一时间仓卒，被你这厮瞒过了。你如今只好好招说，这封书那里得来？"戴宗哪知道原来蔡京府里接待来客竟有这些复杂的程序，因此道："小人一时心慌，要赶程途，因此不曾看得分晓。"蔡九知府喝道："胡说！这贼骨头不打如何肯招！左右，与我加力打这厮！"最终戴宗捱不过拷打，只得将伪造书信的事情招供出来。

《西游记》中的猪八戒则更狡猾一些。在《西游记》第三十二回《平顶山功曹传信　莲花洞木母逢灾》中，八戒得到了一个巡山的差事。可是他生性懒惰，并没有认真执行任务，而是躲在了草丛里睡大觉。当被悟空变成的蚊虫咬醒后，他害怕事情败露，于是就编出一套谎言打算回去复命。他深知细节的重要性，于是把山凹中"桌面大的四四方方三块青石头"当作唐僧、悟空和沙僧，朝着他们演习。他道："我这回去，见了师父，若问有妖怪，就说有妖怪。他问甚么山，——我若说是泥捏的，土做的，锡打的，铜铸的，面蒸的，纸糊的，笔画的，他们见说我呆哩，若讲这话，一发说呆了；我只说是石头山。他问甚么洞，也只说是石头洞。他问甚么门，却说是钉钉的铁叶门。他问里边有多远，只说入内有三层。——十分再搜寻，问门上钉子多少，只说老猪心忙记不真。此间编造停当，哄那弼马温去！"若不是悟空早已在暗中发现他这一套"预先彩排"，恐怕还真的会被他蒙骗哩！

二、钓语之术——利用"投射原理"获得信息

以无形求有声。其钓语合事，得人实也。若犹张置网而取兽也。多张其会而司之，道合其事，彼自出之，此钓人之网也。

——《鬼谷子·反应》

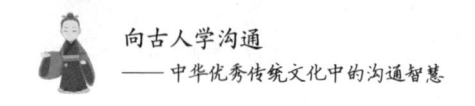

讲完"反而求之"的方法之后,《鬼谷子》的《反应》篇又讲了一种"钓语之术"。书中说"要根据无形的道理探求有声的言辞,那种像钓钩一样的话如果符合事理,就能够了解到对方的真实情况。这就像用网捕猎野兽那样,只要在野兽经常出没的地方多设置一些网,然后耐心等待,就一定会有所获。语言中的道理符合规律,就能够让对方自己说出真实的想法,这就像钓鱼和设网一样。"在沟通中如果不假思索地贸然说出自己的想法,很可能会遇到对方并不认同的情况,于是会产生争辩分歧,甚至伤害感情,失去继续沟通的机会。因此,通过"钓语之术"探查对方的态度是十分必要的。

《水浒传》第十五回《吴学究说三阮撞筹　公孙胜应七星聚义》讲的是晁盖从赤发鬼刘唐那里得知了生辰纲要路过当地,于是打算劫取生辰纲。要干这样的事情必须有几个好帮手,晁盖的好友吴用找到了梁山泊旁石碣村里的阮氏三兄弟,但是又害怕直接说出想法被人告密,于是他就用了"钓语之术"来探查阮氏兄弟的态度。

吴用先是假装找阮氏三兄弟买鱼,说是要十数尾金色鲤鱼,价钱好说,但是只要十四五斤的,不要小的。这就触到了阮氏三兄弟的痛处,他们告诉吴用:"这般大鱼只除梁山泊里便有。我这石碣湖中狭小,存不得这等大鱼。"吴用明知故问:"这里和梁山泊一望不远,相通一派之水,如何不去打些?"阮小二叹了一口气道:"休说。"吴用又问道:"二哥如何叹气?"阮小五接了说道:"教授不知,在先这梁山泊是我弟兄们的衣饭碗,如今绝不敢去。"吴用道:"偌大去处,终不成官司禁打鱼鲜?"阮小五道:"甚么官司敢来禁打鱼鲜,便是活阎王也禁治不得!"吴用道:"既没官司禁治,如何绝不敢去?"阮小五道:"原来教授不知来历,且和教授说知。"吴用道:"小生却不理会得。"阮小七接着便道:"这个梁山泊去处,难说难言!如今泊子里新有一伙强人占了,不容打鱼。"到这里,吴用成功把话题引到了"强盗"上面,这就结成了钓语的"网"。

吴用故意装傻:"小生却不知,原来如今有强人,我那里并不曾闻得说。"阮小二道:"那伙强人,为头的是个秀才,落科举子,唤做白衣秀士王伦;第二个叫做摸着天杜迁;第三个叫做云里金刚宋万;以下有个旱地忽律朱贵,见在李家道口开酒店,专一探听事情,也不打紧。如今新来一个好汉,是东京禁军教头,甚么豹子头林冲,十分好武艺。这伙人好生了得,都是有本事的。这几个贼男女聚集了五七百人,打家劫舍,抢掳来往客人。我们有一年多不去那里打鱼。如今泊子里把住了,绝了我们的衣饭,因此一言难尽!"直到此处,阮氏三兄弟还都是在描述事实,而且从渔民的利益角度来思考,渔业受到强盗的干扰,阮氏三兄弟应该痛恨梁山才对。

所以接下来吴用把话题引向了官府,吴用道:"小生实是不知有这段事。如何官司不来捉他们?"阮小五道:"如今那官司,一处处动掸便害百姓。但一声下乡村来,倒先把好百姓家养的猪羊鸡鹅,尽都吃了,又要盘缠打发他。如今也好,教这伙人奈何,那捕盗官司的人,那里敢下乡村来。若是那上司官员差他们缉捕人来,都吓得尿屎齐流,怎敢正眼儿看他。"阮小七道:"我虽然不打得大鱼,也省了若干科差。"吴用道:"怎地时,那厮们倒快活。"阮小五道:"他们不怕天,不怕地,不怕官司,论秤分金银,异样穿绸锦,成瓮吃酒,大块吃肉,如何不快活!我们弟兄三个空有一身本事,怎地学得他们。"通过钓语之术,吴用了解到相对梁山上的贼人而言,阮氏三兄弟更痛恨横征暴敛的官府,而且言语中对梁山贼人有羡慕之意,吴用断定他们可能成为潜在的同伙,因此暗暗地欢喜道:"正好用计了。"

阮小七又道:"人生一世,草生一秋。我们只管打鱼营生,学得他们过一日也好。"吴用道:"这等人学他做甚么!他做的勾当,不是笞杖五七十的罪犯,空自把一身虎威都撇下。倘或被官司拿住了,也是自做的罪。"这是故意通过言语进一步试探阮氏三兄弟的态度,看他们有没有造反的决心。阮小二道:"如今该管官司没甚分晓,一片糊突,千万犯了迷天大罪的倒都没事。我弟兄们不能快活,若是但有肯带挈我们的,也去了

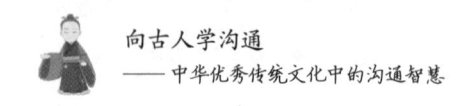

罢!"阮小五道:"我也常常这般思量。我弟兄三个的本事,又不是不如别人,谁是识我们的?"吴用道:"假如便有识你们的,你们便如何肯去?"阮小七道:"若是有识我们的,水里水里去,火里火里去。若能勾受用得一日,便死了开眉展眼。"至此吴用已经非常清楚阮氏三兄弟的态度,暗地想道:"这三个都有意了。我且慢慢地诱他。"

既然"三个都有意",那为什么还要"慢慢地诱他"?结合前一章讲的内容,吴用应当是意识到了一个不合常理的地方:既然早有落草之意,那为什么阮氏兄弟迟迟不上梁山?他们的态度和行动表现出现了不一致,因此吴用使用了"反而求之"的技巧,说道:"你们三个敢上梁山泊捉这伙贼么?"阮小七道:"便捉的他们,那里去请赏?也吃江湖上好汉们笑话。"吴用道:"小生短见,假如你们怨恨打鱼不得,也去那里撞筹却不是好。"吴用终于把话题引到令他疑惑的地方上——既然不反对梁山好汉,那为什么不去梁山上"撞筹(入伙)"?这时阮小二道:"先生你不知,我弟兄们几遍商量,要去入伙,听得那白衣秀才王伦的手下人,都说道他心地窄狭,安不得人。前番那个东京林冲上山,呕尽他的气。王伦那厮不肯胡乱着人,因此我弟兄们看了这般样,一齐都心懒了。"阮小七道:"他们若似老兄这等慷慨,爱我弟兄们便好。"阮小五道:"那王伦若得似教授这般情分时,我们也去了多时,不到今日。我弟兄三个便替他死也甘心!"至此吴用终于破除了心中的疑惑,明白阮氏三兄弟早有落草之心,但由于不齿梁山首领王伦的人品才迟迟没有上山,也就是说他们对梁山有"价值认同"但没有"组织认同"。

接下来吴用需要确定他们与晁盖是否有合作意愿,于是说道:"量小生何足道哉!如今山东、河北多少英雄豪杰的好汉。"阮小二道:"好汉们尽有,我弟兄自不曾遇着。"吴用道:"只此间郓城县东溪村晁保正,你们曾认得他么?"阮小五道:"莫不是叫做托塔天王的晁盖么?"吴用道:"正是此人。"阮小七道:"虽然与我们只隔得百十里路程,缘分浅薄,闻名不曾相会。"吴用道:"这等一个仗义疏财的好男子,如何不与他相见?"

阮小二道："我弟兄们无事，也不曾到那里，因此不能勾与他相见。"吴用道："小生这几年也只在晁保正庄上左近教些村学。如今打听得他有一套富贵待取，特地来和你们商议，我等就那半路里拦住取了，如何？"这是再次用"反而求之"的手段，通过一个"黑吃黑"的计划，试探阮氏三兄弟是否可靠。阮小五道："这个却使不得。他既是仗义疏财的好男子，我们却去坏他的道路，须吃江湖上好汉们知时笑话。"到这里，吴用确定了阮氏三兄弟具备了过人本领和胆色、落草的决心以及对晁盖的认同，可以成为劫取生辰纲的同伙，这才将真实意图和盘托出。吴用道："我只道你们弟兄心志不坚，原来真个惜客好义。我对你们实说，果有协助之心，我教你们知此一事。我如今见在晁保正庄上住，保正闻知你三个大名，特地教我来请你们说话。"阮小二道："我弟兄三个，真真实实地并没半点儿假。晁保正敢有件奢遮的私商买卖，有心要带挈我们，以定是烦老兄来。若还端的有这事，我三个若舍不得性命相帮他时，残酒为誓，教我们都遭横事，恶病临身，死于非命。"阮小五和阮小七把手拍着脖项道："这腔热血，只要卖与识货的！"合作至此正式达成。

为什么"钓语"能够得到信息呢？这是因为心理学当中的"投射原理"。由于人们的立场、心态、思维方式不同，所以对于同一件事情会呈现出不同的态度，态度就像是人们自我心理状态投射出的影子，因此我们也可以反其道而行之，通过影子反推出沟通对象的心理状态。现代心理学当中的"罗夏墨迹测验""房树人测验"等，利用的都是这种投射原理。而我们的祖先也很早就发现了这种投射原理，并将其用在沟通中。《西游记》第三十六回《心猿正处诸缘伏　劈破傍门见月明》中有这样一个故事：

唐僧举步出门小解，只见明月当天，叫"徒弟。"行者、八戒、沙僧都出来侍立。因感这月清光皎洁，玉宇深沉，真是一轮高照，大地分明。对月怀归，口占一首古风长篇。诗云：

"皓魄当空宝镜悬，山河摇影十分全。

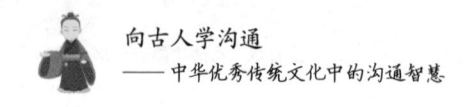

琼楼玉宇清光满，冰鉴银盘爽气旋。
万里此时同皎洁，一年今夜最明鲜。
浑如霜饼离沧海，却似冰轮挂碧天。
别馆寒窗孤客闷，山村野店老翁眠。
乍临汉苑惊秋鬓，才到秦楼促晚奁。
庾亮有诗传晋史，袁宏不寐泛江船。
光浮杯面寒无力，清映庭中健有仙。
处处窗轩吟白雪，家家院宇弄冰弦。
今宵静玩来山寺，何日相同返故园？"

这首诗充满羁旅思乡之情，投射出唐僧此时对取经的前景非常忧虑，打起了"退堂鼓"。

行者闻言，近前答曰："师父啊，你只知月色光华，心怀故里，更不知月中之意，乃先天法象之规绳也。月至三十日，阳魂之金散尽，阴魄之水盈轮，故纯黑而无光，乃曰'晦'。此时与日相交，在晦朔两日之间，感阳光而有孕。至初三日一阳现，初八日二阳生，魄中魂半，其平如绳，故曰'上弦'。至今十五日，三阳备足，是以团圆，故曰'望'。至十六日一阴生，二十二日二阴生，此时魂中魄半，其平如绳，故曰'下弦'。至三十日三阴备足，亦当晦。此乃先天采炼之意。我等若能温养二八，九九成功，那时节，见佛容易，返故田亦易也。诗曰：
前弦之后后弦前，药味平平气象全。
采得归来炉里炼，志心功果即西天。"

这首诗反映出孙悟空对于取经意志坚定，他考虑的不是是否能够取到真经完成任务，而是认为通过取经之旅可以完成个人心智的修炼，实现自我的成长。

那长老听说,一时解悟,明彻真言。满心欢喜,称谢了悟空。沙僧在旁笑道:"师兄此言虽当,只说的是弦前属阳,弦后属阴,阴中阳半,得水之金;更不道:

水火相搀各有缘,全凭土母配如然。

三家同会无争竞,水在长江月在天。"

那长老闻得,亦开茅塞。正是理明一窍通千窍,说破无生即是仙。

沙和尚这首诗的意思是说:取经的结果固然重要,个人的修炼也很重要,但是在取经途中,师徒四人相互扶持、患难与共形成的情谊才是真正可贵的。这首诗反映出沙和尚追求的是人际关系的融洽。

八戒上前扯住长老道:"师父,莫听乱讲,误了睡觉。这月啊:

缺之不久又团圆,似我生来不十全。

吃饭嫌我肚子大,拿碗又说有粘涎。

他都伶俐修来福,我自痴愚积下缘。

我说你取经还满三途业,摆尾摇头直上天!"

三藏道:"也罢,徒弟们走路辛苦,先去睡下。等我把这卷经来念一念。"

要说谁情商最高,还得是猪八戒!看到其他三人各有追求,老猪同志适时插科打诨,先是以贪吃痴愚自嘲,其后对取经的结果给出了一个顺其自然的态度。这话看起来啥也没说,但却最能解除唐僧的踟蹰之情。这一段望月赋诗在整个书中乍看有点摸不着头脑,但从心理投射的角度来看,实在是妙趣横生,把唐僧师徒四人的性格和志向体现得淋漓尽致。

但有些时候我们不具备和对方平等深入谈话的条件,想要了解信息,只能采取其他非语言方式从侧面了解情况,并且要借助一定的推测才能得到实情。

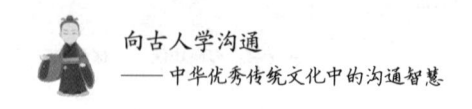

齐王夫人死，有七孺子皆近。薛公欲知王所欲立，乃献七珥，美其一。明日视美珥所在，劝王立为夫人。

——《战国策·齐策三》

齐王的夫人去世了，薛公（也就是人们熟知的孟尝君田文，也有一说本故事的主人公为薛公的父亲靖郭君）作为齐王的宗室近臣，如果知道齐王宠爱哪位姬妾，顺水推舟地建议齐王立她为新夫人，既可以让齐王把自己当作"心腹"，又可以送给新夫人一个人情，替自己培养一个潜在的"政治盟友"，因此薛公迫切地想知道齐王中意哪位姬妾。可这种问题没办法明问，可能齐王自己也说不好到底该如何抉择。于是薛公制作了七副耳环献给齐王（大概是齐王有七位新夫人的"候选人"吧），其中有一副特别精美。第二天薛公观察那副耳环佩戴在哪位姬妾身上，就劝齐王立她为新夫人。

这个故事在《韩非子·外储说右上》中也有记载，韩非子作为法家思想家，是站在君主权威的立场上解读这个故事的。他说："人主者，利害之轺毂也，射者众，故人主共矣。是以好恶见则下有因，而人主惑矣；辞言通则臣难言，而主不神矣。说在申子之言'六慎'，与唐易之言弋也。"这段话的大意是说君主作为权力核心，也就成了群臣共同对准的目标。因此，君主如果表现出爱憎，就会被臣下利用，这样君主就被迷惑了；君主把听到的话泄露出去，臣下就难以向君主进言，君主也就做不到神明了。接下来韩非子引用了申不害提出的"六慎"，也就是作为君主，要做到："慎而言也，人且知女；慎而行也，人且随女。而有知见也，人且匿女；而无知见也，人且意女。女有知也，人且臧女；女无知也，人且行女。"要谨慎发言，因为群臣会通过言辞窥探你（代指君主）；要谨慎行动，因为群臣会通过行动效仿你；如果你表现出了某一方面的智识，群臣就会在这方面隐匿行迹；如果你暴露了某方面的无知，群臣将会在这方面算计你。你表现得有智慧，群臣将躲避你；你表现得没有智慧，群臣将对你采取行动。所以韩非子认为君主只有做到"无为",不轻易表现自己的思想和憎恶,才可以真正窥测群臣的真相。

《战国策·楚策一》中的一则故事同时表现了"钓语"的手段和反"钓语"的智慧。

郢人有狱三年不决者,故令人请其宅,以卜其罪。客因为之谓昭奚恤曰:"郢人某氏之宅,臣愿之。"昭奚恤曰:"郢人某氏,不当服罪,故其宅不得。"客辞而去。昭奚恤已而悔之,因谓客曰:"奚恤得事公,公何为以故与奚恤?"客曰:"非用故也。"曰:"谓而不得,有说色,非故如何也?"

这个故事说的是在楚国的郢都有人犯罪下狱,但是三年没有判决,他的家人托一位说客(此人可能是朝中的某位官员,与负责刑狱的令尹昭奚恤相识)打听消息。这个说客非常聪明,跟令尹昭奚恤谈起要购买下狱者的住宅。昭奚恤回答说:"这个人不会被判死刑,所以你应该没办法买下他的住宅。"说客刚要辞别,昭奚恤就悔悟了,对他说:"我把您当成朋友,您为什么要设计套我的话?"说客装糊涂说:"我没有套您的话啊。"昭奚恤一语道破:"如果你真的要购买那个人的住宅,听到这件事情泡汤了应该失落才对啊,可是你面露喜色。这不是套我的话又是什么呢?"由此可见,"钓语"有风险,难免被人识破,所以除非万不得已,否则平时我们还是应当以诚待人。

*拓展阅读:罗夏墨迹测验

罗夏墨迹测验是最著名的投射法人格测验,由瑞士精神科医生、精神病学家赫尔曼·罗夏(Hermann Rorschach)创立。测验是由10张经过精心制作的墨迹图构成的。这些测验图片以一定顺序排列,受试者看完这些图片之后,主试者会提出"这看上去像什么?""这可能是什么?""这使你

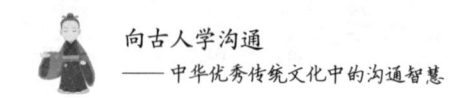

想到什么?"等问题,并将受试者的回答、思考和反应时间、肢体动作或其他重要行为记录下来。目的都是诱导出被试者的生活经验、情感、个性倾向等心声。受试者在讲述图片上的故事时,已经把自己的心态投射于情境之中,所以就在不知不觉中暴露了自己的真实心理。

三、众端参观——广开言路获得信息

> 观听不参则诚不闻,听有门户则臣壅塞。
>
> ——《韩非子·内储说上七术》

之前我们讲过"三人成虎"和"郑袖设计陷害美人"的故事,这两个故事足以说明误解和谣言的可怕。因此《吕氏春秋》中才说:"夫得言不可以不察。数传而白为黑,黑为白。"并且提出"闻而审,则为福矣;闻而不审,不若无闻矣"的论断。也就是说,如果听到一件事情不加以审查验证,那么很可能做出误判。

> 西门豹为邺令,而辞乎魏文侯。文侯曰:"子往矣,必就子之功,而成子之名。"西门豹曰:"敢问就功成名,亦有术乎?"文侯曰:"有之。夫乡邑老者而先受坐之士,子入而问其贤良之士而师事之,求其好掩人之美而扬人之丑者而参验之。夫物多相类而非也,幽莠之幼也似禾,骊牛之黄也似虎,白骨疑象,武夫类玉,此皆似之而非者也。"
>
> ——《战国策·魏策一》

西门豹在赴任邺城地方长官之前,向魏国的君主魏文侯请辞,魏文侯鼓励他:"您去上任吧!这个岗位必定会让您功成名就!"西门豹却较真起来:"请问有没有什么关于成就功名的方法呢?"没想到魏文侯还真有一条建议:"除了尊重老人、礼遇贤者之外,重要的就是遇到那些喜欢掩盖别人优点、大肆宣扬别人缺点的人，要使用'参验'的方法多加审视。因为世界上有很多看起来相似，但其实相差很大的东西，比如'莠'这种杂草看起来像是禾苗，黑黄相间的牛看起来和老虎也有相似之处。白骨和象牙、武夫石和玉石之间都是非常容易混淆的。"魏文侯提出的"参验"是法家学说中领导力方面的重要手段。

在韩非子看来，"明"几乎是君主最重要的品德，他认为君主观察和听取臣下的言行，如果不加验证，就不会知道实情；如果偏听偏信、"听有门户"，就会受到蒙蔽。汉代的王符在《潜夫论·明暗》中提出"兼听则明，偏信则暗"的道理。

由于每个人的立场不同，他们对一个人、一件事的评价往往带有很强的主观性，因此需要广开言路，这就是所谓的"众端"。

邹忌修八尺有余，身体昳丽。朝服衣冠，窥镜，谓其妻曰："我孰与城北徐公美？"其妻曰："君美甚，徐公何能及君也！"城北徐公，齐国之美丽者也。忌不自信，而复问其妾曰："吾孰与徐公美？"妾曰："徐公何能及君也！"旦日，客从外来，与坐谈，问之客曰："吾与徐公孰美？"客曰："徐公不若君之美也！"

明日，徐公来。孰视之，自以为不如；窥镜而自视，又弗如远甚。暮寝而思之，曰："吾妻之美我者，私我也；妾之美我者，畏我也；客之美我者，欲有求于我也。"

于是入朝见威王曰："臣诚知不如徐公美，臣之妻私臣，臣之妾畏臣，臣之客欲有求于臣，皆以美于徐公。今齐地方千里，百二十城，宫妇左右，莫不私王；朝廷之臣，莫不畏王；四境之内，莫不有求于王。由此观之，王之蔽甚矣！"王曰："善。"乃下令："群臣吏民，能面刺寡人之过者，受上赏；上书谏寡人者，受中赏；能谤议于市朝，闻寡人之耳者，受下赏。"

令初下，群臣进谏，门庭若市。数月之后，时时而间进。期年之

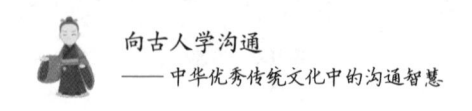

后，虽欲言，无可进者。燕、赵、韩、魏闻之，皆朝于齐。此所谓战胜于朝廷。

——《战国策·齐策一》

《战国策》中有个《邹忌讽齐王纳谏》的故事，说的就是齐国的大臣邹忌相貌出众，总觉得自己的"颜值"在齐国首屈一指。但是又隐约听人说城北的徐公才是齐国的第一美男子，有一天早晨他穿戴好衣帽，照着镜子问他的妻子："我和城北的徐公相比，谁的相貌更出众？"他的妻子说："徐公怎么能比得上您呢？"邹忌半信半疑，于是又问他府中的姬妾说："我的相貌和徐公相比怎么样？"姬妾也说："徐公比不上您。"第二天，有客人来拜访邹忌，谈话间，邹忌问客人："我和徐公相比谁更好看？"客人同样说："徐公不如您。"可没想翌日，徐公本人登门拜访，邹忌仔细端详他，觉得容貌不如徐公，又照了照镜子，更是觉得自己的样子与徐公相差甚远。晚上，他躺在床上休息时回想这事才恍然大悟："我的妻子说我容貌出众是因为偏爱我；我的姬妾说我好看，是因为惧怕我；而客人赞美我，则是因为要求我办事。"于是入朝见齐威王说："……如今齐国有方圆千里的疆土，一百二十座城池。宫中的姬妾及身边的近臣，没有一个不偏爱大王的；朝中的文武百官没有一个不惧怕大王的；国内的百姓，没有不有求于大王的。由此看来，大王您受到的蒙蔽比我还严重得多啊！"邹忌通过自己的例子告诉齐威王一个道理：君王获得的信息往往是一面之词或者是经过修饰加工的"二手货"，因此应当广开言路。齐威王听了大受启发，于是下令"群臣吏民，能面刺寡人之过者，受上赏；上书谏寡人者，受中赏；能谤议于市朝，闻寡人之耳者，受下赏"。政令刚一下达，许多大臣都来进献谏言，宫门和庭院像集市一样热闹；几个月以后，还不时地有人进谏；一年以后，即使想进言，也没有什么可说的了。燕国、赵国、韩国、魏国听说了这件事，都到齐国来朝见齐威王。《战国策》中的评价是"此所谓战胜于朝廷"，就是说齐国因为广开言路从而实现政通人和，达到"不战而胜"的效果。

廉颇居梁久之，魏不能信用。赵以数困于秦兵，赵王思复得廉颇，廉颇亦思复用于赵。赵王使使者视廉颇尚可用否。廉颇之仇郭开多与使者金，令毁之。赵使者既见廉颇，廉颇为之一饭斗米，肉十斤，被甲上马，以示尚可用。赵使还报王曰："廉将军虽老，尚善饭，然与臣坐，顷之三遗矢矣。"赵王以为老，遂不召。

——《史记·廉颇蔺相如列传》

有些人会刻意隐瞒真相，如果偏听偏信，则很可能做出错误的决策。《史记·廉颇蔺相如列传》中记载赵国的名将廉颇晚年因为避祸逃亡魏国，赵国被秦军围困，赵王又想重新启用廉颇，而廉颇也有归国效力之意。于是赵王派使者去魏国探望廉颇，看看他是否还能重新出任主帅。然而廉颇的政敌郭开（可能是秦国安插在赵国的奸细）用金钱买通使者，让使者诋毁廉颇。廉颇与使者见面的时候故意一顿饭吃下一斗米、十斤肉，并且披挂甲胄上马，展示其身体强健，还可以为国效力。然而使者回国后向赵王说的却是："廉颇虽然岁数大了，但是饭量还是很大。只不过和我坐着交谈期间，去了三次厕所。"赵王因此认为廉颇年迈，身体不堪重任，于是没有起用廉颇。如果赵王能够多方查证，听一听其他人调查的消息，大概可以做出明智的决策吧。

鲁哀公问于孔子曰："鄙谚曰：'莫众而迷。'今寡人举事，与群臣虑之，而国愈乱，其故何也？"孔子对曰："明主之问臣，一人知之，一人不知也；如是者，明主在上，群臣直议于下。今群臣无不一辞同轨乎季孙者，举鲁国尽化为一，君虽问境内之人，犹不免于乱也。"

——《韩非子·内储说上七术》

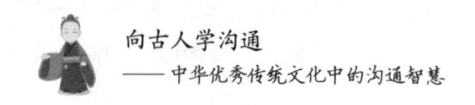

有一种情形是一群人形成了利益共同体，合力制造假象。《韩非子》中记载了鲁哀公和孔子的一次对话。鲁哀公问孔子说："俗语说：'没有众人合计就会迷乱。'现在我办事和群臣一起谋划，但国家还是越来越乱，原因是什么呢？"孔子回答说："明君有事问臣下，有人知道，有人不知道；像这样的话，明君在上，群臣就可以在下面直率地议论。现在群臣没有不和季孙（鲁国权臣，'三桓'之首）统一口径的，全鲁国的言论都像是出自同一个人之口，在这样的局面下，您即使问遍境内百姓，仍然不免于乱。"

因此我们所说的"兼听"不仅是多听几个人的说法那么简单，还要尽量听取来自不同身份、地位、立场的声音，并且要多方验证，才能更好地获取信息。

广汉尤善为钩距以得事情。钩距者，设欲知马价，则先问狗，已问羊，又问牛，然后及马，参伍其价，以类相准，则知马之贵贱，不失实矣。唯广汉至精，能行之，他人效者莫能及。

——《智囊·察智部》

明人冯梦龙在《智囊》中评价汉代的赵广汉"善为钩距"。什么是"钩距"呢？书中解释道：如果想知道马的价钱，就先问狗价，之后问羊价，再问牛价，最后问到马，相互比较这些价格，按类相衡量，就能够知道马的贵贱了。这种本事唯独赵广汉精通并且经常施行，其他人比不上。这种"钩距"法有点像现代科学研究方法中的"参照实验"，即通过设置参照系，进行反复比较，获得事情真相。在沟通中运用这种"钩距"法，需要充分的耐心和细心，通过对比大量来自不同渠道的信息，得出更加贴近实际情况的结论。

第六章

沟通功能二：营造气氛

故善动敌者，形之，敌必从之；予之，敌必取之。以利动之，以卒待之。

故善战者，求之于势，不责于人，故能择人而任势。任势者，其战人也如转木石。木石之性，安则静，危则动，方则止，圆则行。故善战人之势，如转圆石于千仞之山者，势也。

——《孙子兵法·势篇》

之前我们讲到了心理学中的"吊桥效应"，中国的古代人很早就认识到了这种现象，并通过精心营造的氛围，实现对人的影响。古人往往用"势"来指代这种无形的氛围。相对于"形"而言，"势"不容易被察觉，也就不容易引发对方的心理防御机制，而且我们可以提前"造势"。《孟子·尽心上》中讲到的"君子引而不发，跃如也。中道而立，能者从之"就是指在沟通之前"造势"，就像将弓拉满但是不轻易将箭矢射出，从而达到因势利导的效果。

一、反古求今——从历史中找榜样

古之大化者，乃与无形俱生。反以观往，覆以验来；反以知古，覆以

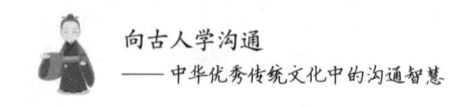

知今；反以知彼，覆以知己。动静虚实之理，不合来今，反古而求之。事有反而得覆者，圣人之意也，不可不察。

——《鬼谷子·反应》

"历史不会简单重复，但总是押韵"，尽管现代人的生活方式与几千年前的祖先们相差甚远，但在人性方面却相差无几。因此可以让历史"照进现实"，通过"反以观往""反以知古"的方式"验来""知今"，也可以"以史为鉴"，通过"反以知彼"更好地"覆以知己"。这就是鬼谷子在《反应》篇中所说的"反古而求之"的方法。

《水浒传》第二回《王教头私走延安府　九纹龙大闹史家村》中就记载了这样一个通过树立榜样成功实现说服，化不可能为可能的故事。话说华阴县有个姓史的大户人家，家中独子九纹龙史进不事产业，每天只喜欢舞枪弄棒。附近的少华山聚集了一伙山贼，为头首的唤作"神机军师"朱武，第二个唤作"跳涧虎"陈达，第三个唤作"白花蛇"杨春。他们下山劫粮正好遇上了史进，交战不几个回合，陈达就被史进活捉。讯息传回山寨，杨春要去找史进拼命，朱武道："亦是不可。他尚自输了，你如何并得他过。我有一条苦计，若救他不得，我和你都休。"从这三言两语间足可见朱武头脑清醒，心思缜密。

朱武想出了什么计策呢？只见他和杨春二人不带任何部下，直奔史家庄而来。史进还以为他们要来动武，于是上了马，正待出庄门，只见朱武、杨春步行已到庄前。两个双双跪下，擎着两眼泪。史进下马来喝道："你两个跪下如何说？"朱武哭道："小人等三个，累被官司逼迫，不得已上山落草。当初发愿道：'不求同日生，只愿同日死。'虽不及关、张、刘备的义气，其心则同。今日小弟陈达不听好言，误犯虎威，已被英雄擒捉在贵庄，无计恳求，今来一径就死。望英雄将我三人一发解官请赏，誓不皱眉。我等就英雄手内请死，并无怨心。"

朱武在这里就借助了榜样的力量，他和陈达、杨春正好三人，自比为三国时期桃园结义的刘、关、张三兄弟。同样是出身贫寒，而这三人的英雄事迹恰恰是九纹龙史进最为仰慕的。史进听了，寻思道："他们直恁义气！我若拿他去解官请赏时，反教天下好汉们耻笑我不英雄。自古道：大虫不吃伏肉。"可能此刻在史进心中，已经把自己想象成破坏刘、关、张兄弟情义的罪人了。史进便道："你两个且跟我进来。"朱武、杨春并无惧怯，随了史进直到后厅前跪下，又教史进绑缚。史进三回五次叫起来，那两个哪里肯起来。这一幕让史进更加相信眼前的两人是铁骨铮铮的真心英雄，于是惺惺惜惺惺，好汉识好汉。史进道："你们既然如此义气深重，我若送了你们，不是好汉。我放陈达还你如何？"朱武道："休得连累了英雄，不当稳便。宁可把我们去解官请赏。"朱武以退为进，更让史进惭愧，史进道："如何使得。你肯吃我酒食么？"朱武道："一死尚然不惧，何况酒肉乎！"结果史进不仅释放了陈达，还和这三人把酒言欢。

臣闻尧无三夫之分，舜无咫尺之地，以有天下。禹无百人之聚，以王诸侯。汤、武之卒不过三千人，车不过三百乘，立为天子。诚得其道也。

——《战国策·赵策二》

战国时的纵横家苏秦为了游说赵国加入燕国发起的合纵联盟，也使用了榜样法来增强赵肃侯的信心，他先是肯定了赵国的强大国力，说："当今之时，山东之建国，莫如赵强。赵地方二千里，带甲数十万，车千乘，骑万匹，粟支十年；西有常山，南有河、漳，东有清河，北有燕国。燕固弱国，不足畏也。且秦之所畏害于天下者莫如赵。"

为了进一步激发赵肃侯对付秦国的意愿，他举了上古尧舜禹和商汤、周武王的例子，说这些君主有的没有封地，有的则是积弱小国，但只要"得其道"，就可以得天下。这番说辞非常有效，最终成功说服赵肃侯加入合纵联盟。

榜样法还可以反用，用反面教材作为底线，让沟通对象自觉避免做出一些事情。

　　羽闻马超来降，旧非故人，羽书与诸葛亮，问超人才可谁比类。亮知羽护前，乃答之曰："孟起兼资文武，雄烈过人，一世之杰，黥、彭之徒，当与益德并驱争先，犹未及髯之绝伦逸群也。"羽美须髯，故亮谓之髯。羽省书大悦，以示宾客。

——《三国志·蜀书六》

　　《三国志》记载刘备入蜀后，马超前来归附，由于马超与刘备之前并不熟悉，而且在西北一带有残暴之名。因此远在荆州的关羽对他很不放心，就写信给诸葛亮询问马超的才能可以与谁相比，隐约中透露出要入川与马超较量的意思。诸葛亮知道关羽意在维护刘备的权威，于是给关羽回信说:"马超文武双全,性格刚烈过人,确实是当世难得的豪杰,比较接近汉初的黥布、彭越,在才干上和张飞相当。但是与'绝伦逸群'的美髯公您相比,那还是差得远啊!"关羽收到书信之后大为喜悦,把书信给宾客传阅。不少人读到这里,会理解为关羽傲慢自大、好胜心强。其实不然,我们可以将这个事件视为诸葛亮和关羽联合导演的一出"双簧剧",根据裴松之的注,"超因见备待之厚,与备言,常呼备字,关羽怒,请杀之"。可见关羽早对马超的无礼感到不满,诸葛亮应该也需要通过给马超一个下马威来帮助刘备树立权威。所以诸葛亮的这封信看似是写给关羽的,实际是让马超看的。因此他在信中将马超比为黥布、彭越,这二人虽然有较高的军事才能,但更为人所熟知的是他们后来反叛汉高祖刘邦而被诛杀,因此诸葛亮的真实意图应当是通过设立反面榜样,告诫马超不要有不臣之举。关羽也明白诸葛亮的意图,因此将这篇书信交给宾客传阅,其目的就是要让消息传到马超那里。

擅长使用反面榜样的诸葛亮本人可能万万没想到,他自己也会遭遇"反面榜样法"的考验。夷陵之战后,刘备退居白帝城,身体每况愈下,在临终前他将蜀汉的未来托付给诸葛亮,这就是有名的"白帝城托孤"。

"君才十倍曹丕,必能安国,终定大事。若嗣子可辅,辅之;如其不才,君可自取。"亮涕泣曰:"臣敢竭股肱之力,效忠贞之节,继之以死!"先主又为诏敕后主曰:"汝与丞相从事,事之如父。"

——《三国志·蜀书五》

刘备托孤时特意提到了曹丕,为什么要用敌国的君主曹丕和诸葛亮相比较,言外之意就是说曹丕篡汉,辜负了汉臣的出身。诸葛亮在才能上也具备篡夺蜀汉政权自立的能力,但是如果真的"君可自取",其结局一定会像曹丕那样背负骂名。可以说知人善任的刘备用反面榜样把诸葛亮"绑

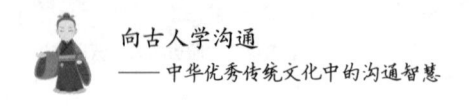

架"了，因此诸葛亮只能"竭股肱之力，效忠贞之节，继之以死"。

反面榜样最好找时间较近的，因为人们对这些事情的记忆犹新，而且对其中的因果关系也较为了解，省去了很多解释说明的工作。

是时，文帝为五官将，而临菑侯植才名方盛，各有党与，有夺宗之议。文帝使人问诩自固之术，诩曰："愿将军恢崇德度，躬素士之业，朝夕孜孜，不违子道。如此而已。"文帝从之，深自砥砺。太祖又尝屏除左右问诩，诩嘿然不对。太祖曰："与卿言而不答，何也？"诩曰："属适有所思，故不即对耳。"太祖曰："何思？"诩曰："思袁本初、刘景升父子也。"太祖大笑，于是太子遂定。

——《三国志·魏书十》

曹操晚年为继承人问题犹豫不定，一方面曹丕是五官中郎将，跟着曹操屡立战功，另一方面曹植又才华横溢，很得曹操喜爱。曹丕向曹操手下重要的谋臣贾诩询问如何才能更好地稳固世子的位置，贾诩劝曹丕注重个人品德修养，勤勉于政务，并且"不违子道"就好了。有一次曹操在很私密的场合询问贾诩应该选谁做继承人，这实在是一场艰巨的考验，因为领导的继承人问题是公事也是私事，既涉及团队的利益，也事关领导的个人情感。回答这种问题，稍有差池就会招致祸患。因此曹操发问之后，贾诩沉默不语。曹操一再追问："我问你话，你为什么不回答？"贾诩被逼问之下，只好说："臣刚才在想别的事情，因此没有回答。"曹操又问："您在想什么事情？"贾诩回答道："我在想袁绍、刘表父子的事情啊。"袁绍家因为立袁尚还是袁谭而陷入内乱，刘表家因为立刘琦还是刘琮而衰落，两家势力最终都被曹操消灭。曹操闻言大笑，然后确定立曹丕为继承人。贾诩用被曹操消灭的袁绍、刘表做反面教材，明确表达了自己的态度，但又没有把话说透，实在是非常高明的回答。

二、以欲摩之——以对方的需求作为出发点

微摩之，以其所欲，测而探之，内符必应。其所应也，必有为之。

——《鬼谷子·摩篇》

人类之所以会被气氛感染，主要是因为非理性因素的影响。所谓的非理性因素，是指那些生物性的原始反应。《思考，快与慢》的作者丹尼尔·卡尼曼认为这些反应要比我们用逻辑思考的过程快得多。《鬼谷子》中认为如果掌握了沟通对象的好恶，从对方的欲望出发进行沟通，会很容易获得反馈。

张仪之楚，贫。舍人怒而欲归。张仪曰："子必以衣冠之敝，故欲归。子待我为子见楚王。"当是之时，南后、郑袖贵于楚。

张仪见楚王，楚王不说。张子曰："王无所用臣，臣请北见晋君。"楚王曰："诺。"张子曰："王无求于晋国乎？"王曰："黄金珠玑犀象出于楚，寡人无求于晋国。"张子曰："王徒不好色耳？"王曰："何也？"张子曰："彼郑、周之女，粉白墨黑，立于衢闾，非知而见之者，以为神。"楚王曰："楚，僻陋之国也，未尝见中国之女如此其美也。寡人之独何为不好色也？"乃资之以珠玉。

南后、郑袖闻之大恐。令人谓张子曰："妾闻将军之晋国，偶有金千斤，进之左右，以供刍秣。"郑袖亦以金五百斤。

张子辞楚王曰："天下关闭不通，未知见日也，愿王赐之觞。"王曰："诺。"乃觞之。张子中饮，再拜而请曰："非有他人于此也，愿王召所便习而觞之。"王曰："诺。"乃召南后、郑袖而觞之。张子再拜而请曰："仪有死罪于大王。"王国："何也？"曰："仪行天下遍矣，未尝见人如此其美也。而仪言得美人，是欺王也。"王曰："子释之。吾固以为天下莫若是两人也。"

——《战国策·楚策三》

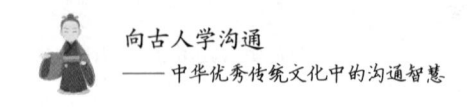

战国的纵横家张仪不仅擅长利用辩术进行"连横"活动，还利用辩术解决了自己的开销问题。他到楚国之后一度贫困潦倒，连接待他的舍人都不想侍奉他，张仪说："你一定是因为看我衣冠破烂才要回去吧。你暂且等我去拜见完楚王再做决断吧。"

当时楚王非常宠幸南后和郑袖两位妃子。张仪前去拜见楚王，楚王对他并不感兴趣。张仪说："大王不用我，我就到北方的三晋去游说（指的是赵、魏、韩三国）。"楚王说："可以！"张仪说："大王希望我从三晋采购什么特产吗？"楚王说："黄金、珍珠、玑珠、犀革、象牙都出自我们楚国，我不需要你从三晋采购任何东西。"张仪说："难道大王不好女色吗？"楚王说："什么意思？"张仪说："那郑、周的女子，粉、白、墨、黑。"这里不得不佩服张仪的语言技巧，他仅仅用了"粉、白、墨、黑"四个字来形容美女，虽然只是四种颜色，但是禁不住楚王浮想联翩，这就是典型的"以欲摩之"。接着张仪又用了侧面烘托，"她们站在普通街巷，不知道的人见了还以为是天仙呢！"

楚王果然动心了，他说："楚国是一个偏僻的国家，从来没见过有中原女子这样美丽的，我怎么能不动心呢？"于是给了张仪一大批珍珠、玉器，让他去寻找美丽的女子。

南后和郑袖知道了此事，大为吃惊，就派人对张仪说："我们听说将军要到三晋去，我这里有金千斤，送给您作为养马的草料钱。"郑袖也给了张仪金五百斤，她们的目的就是劝阻张仪不要真的为楚王寻觅美人回楚国。

换作别人，事情搞到这一步也许很难收场，可张仪是名垂千古的纵横家。到了辞别楚王时，张仪说："各国诸侯互相隔绝，不知何时才能见到大王，希望能与大王饮酒作别。"楚王说："很好。"于是设宴与张仪对饮。酒至半酣，张仪一拜再拜，请求说："这里没有外人，希望大王邀集左右亲近一块儿畅饮。"楚王说："好。"于是找来南后和郑袖，一起饮酒。张仪见到南后和郑袖大惊失色，又再拜请罪，说："我对大王犯有死罪！"楚王说:"这是为什么?"张仪说:"我走遍天下,从来没有见过像南后、郑袖二位这样的美人,我却说要为您找美人,这简直是欺骗大王啊!"楚王此时即便知道被耍,当着南后、郑袖的面也不好发作,只好说:"你就不必挂心了。我也认为天下的美女没有能比得上她们两人的。"好一个狡诈诡谲的张仪!

除了贪婪,恐惧也是人类重要的生物性情绪,如果能够充分调动对方的贪婪和恐惧情绪,就能大大提升沟通的效果。

迟顿首。陈将军足下:无恙,幸甚幸甚!将军勇冠三军,才为世出,弃燕雀之小志,慕鸿鹄以高翔。昔因机变化,遭遇明主,立功立事,开国称孤,朱轮华毂,拥旄万里,何其壮也!如何一旦为奔亡之虏,闻鸣镝而股战,对穹庐以屈膝,又何劣邪!

寻君去就之际,非有他故,直以不能内审诸己,外受流言,沉迷猖蹶,以至于此。圣朝赦罪责功,弃瑕录用,推赤心于天下,安反侧于万物,将军之所知,不假仆一二谈也。朱鲔涉血于友于,张绣剚刃于爱子,汉主不以为疑,魏君待之若旧。况将军无昔人之罪,而勋重于当世。夫迷途知返,往哲是与;不远而复,先典攸高。主上屈法申恩,吞舟是漏;将军松柏不翦,亲戚安居,高台未倾,爱妾尚在。悠悠尔心,亦何可言!

今功臣名将,雁行有序。佩紫怀黄,赞帷幄之谋;乘轺建节,奉疆场之任。并刑马作誓,传之子孙。将军独靦颜借命,驱驰毡裘之长,宁不哀哉!

夫以慕容超之强,身送东市;姚泓之盛,面缚西都。故知霜露所均,不育异类;姬汉旧邦,无取杂种。北虏僭盗中原,多历年所,恶积祸盈,理至燋烂。况伪孽昏狡,自相夷戮;部落携离,酋豪猜贰。方当系颈蛮邸,悬首藁街。而将军鱼游于沸鼎之中,燕巢于飞幕之上,不亦惑乎!

暮春三月,江南草长,杂花生树,群莺乱飞。见故国之旗鼓,感平生于畴日,抚弦登陴,岂不怆恨!所以廉公之思赵将,吴子之泣西河,人之

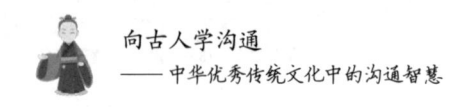

情也。将军独无情哉！想早励良规，自求多福。

当今皇帝盛明，天下安乐。白环西献，楛矢东来；夜郎滇池，解辫请职；朝鲜昌海，蹶角受化。唯北狄野心，掘强沙塞之间，欲延岁月之命耳。中军临川殿下，明德茂亲，总兹戎重，吊民洛汭，伐罪秦中。若遂不改，方思仆言。聊布往怀，君其详之。丘迟顿首。

——《与陈伯之书》

梁武帝天监四年（公元505年），梁武帝命临川王萧宏领兵北伐，陈伯之屯兵寿阳与梁军对抗，萧宏命记室丘迟以个人名义写信劝降陈伯之。陈伯之出身盗匪，后为南齐将军，在梁代齐过程中投降南梁，被任命为梁镇南将军，江州刺史。梁天监元年（公元502年），陈伯之听信离间，起兵反梁，败而降北魏，此人可以说是一个反复无常的小人。更麻烦的是陈伯之是行伍出身，并不识字，因此书写这封劝降信难度极高。丘迟先是回顾了陈伯之自齐降梁，又自梁降北魏的过程，说他现在"闻鸣镝而股战，对穹庐以屈膝"，听到鲜卑人的鸣笛就两腿发抖，对着毡房就屈膝跪拜，这番话的目的是激发陈伯之屈辱、恐惧的情绪。

接下来丘迟使用了"榜样法"。他引用了历史上的两位叛臣朱鲔、张绣的故事：朱鲔杀了汉光武帝刘秀的哥哥刘縯，张绣则在著名的"宛城之战"中杀了曹操的儿子曹昂和爱将典韦，然而汉光武帝和曹操都原谅了他们的过错。陈伯之与梁朝并无这种深仇大恨，因此更容易被梁朝接纳，这是安抚陈伯之的恐惧情绪。接下来丘迟再次调动陈伯之的原始情感，说梁朝对陈伯之的故居和家人"松柏不翦，亲戚安居，高台未倾，爱妾尚在"，用一系列细节让陈伯之放心。接下来丘迟引用了慕容超和姚泓被刘裕杀掉的例子，道出陈伯之处境之凶险，再次调动其恐惧情绪。

下一段则是全文中最精彩之处，也是历来最为脍炙人口的一段，"暮春三月，江南草长，杂花生树，群莺乱飞。见故国之旗鼓，感平生于畴日，抚弦登陴，岂不怆悢！"丘迟通过描述江南旖旎的春光调动陈伯之的思乡之情，此时不谈利益、不谈道义，只谈家乡的美景，用寥寥几句勾勒出江南的旖旎风光，并站在陈伯之的视角，道破他有家难归的尴尬和悲怆。

文章最末才提到南朝政治之明、军威之胜，如果不读到此段，仿佛前文只是老友间的寒暄。明明是一篇政治性书信，却偏偏以情动人，这就是本文之妙处。陈伯之收到这封劝降信后，为书信的情理所慑服，不久就率八千之众投降。

* 拓展阅读：杏仁核与恐惧情绪之间的关系

对脑部功能的磁共振成像研究结果显示，社交焦虑、创伤后应激障碍和惊恐发作患者在恐惧时，他们大脑中一个被称为杏仁核的区域会被激活。

杏仁核是人类参与社会认知的一个重要神经结构，通过对杏仁核施加相关刺激可以引起人的相关情绪反应，包括自主神经反应、内分泌反应等。大多数研究者认为杏仁核是专门调节社会行为、满足社会信息加工要求的特殊结构。当一个人感到恐惧的时候，大脑中的杏仁核会被激活，这时人会进入"战斗或逃跑"的应激状态，呈现出易怒等特征，如果在这时受到言语刺激，很容易产生极端过激行为。

三、鼓舞士气——利用沟通实现激励

捭之者，开也，言也，阳也；阖之者，闭也，默也，阴也。阴阳其和，终始其义。故言长生、安乐、富贵、尊荣、显名、爱好、财利、得意、喜欲，为"阳"，曰始。故言死亡、忧患、贫贱、苦辱、弃损、亡利、失意、有害、刑戮、诛罚，为"阴"，曰终。诸言法阳之类者，皆曰始，言善以始其事。诸言法阴之类者，皆曰终，言恶以终其谋。

捭阖之道，以阴阳试之。故与阳言者，依崇高；与阴言者，依卑小。

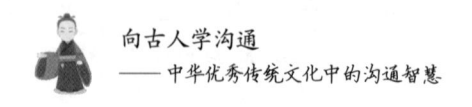

以下求小，以高求大。由此言之，无所不出，无所不入，无所不可。可以说人，可以说家，可以说国，可以说天下。为小无内，为大无外。

——《鬼谷子·捭阖》

《鬼谷子》的第一篇名为《捭阖》，指的是沟通中的表达和沉默两种行为。书中谈到了"阴""阳"两种语言。简而言之，"阳"是指那些高亢激昂，能够调动人积极情绪的内容；"阴"则指那些卑微的、贬抑的，能够触发人负面情绪的内容。《鬼谷子》认为沟通高手要灵活运用这两种沟通语言，因此纵横家的学问也常常被称为"阴阳之道"。《捭阖》篇中说要"与阳言者，依崇高；与阴言者，依卑小。以下求小，以高求大"，这样就能实现"无所不出，无所不入，无所不可。可以说人，可以说家，可以说国，可以说天下。为小无内，为大无外"的高超境界。

这种"阴阳之道"在激励士气的场合非常实用，统帅可以运用"阳言"展示己方的强大，也可以运用"阴言"揭穿对方的弱小，从而激发部下的勇气，让他们义无反顾地作战。

受有亿兆夷人，离心离德。予有乱臣十人，同心同德。虽有周亲，不如仁人。"天视自我民视，天听自我民听。百姓有过，在予一人，今朕必往，我武维扬，侵于之疆，取彼凶残，我伐用张，于汤有光……"

——《尚书·泰誓中》

尚桓桓，如虎如貔，如熊如罴，于商郊。

——《尚书·牧誓》

武王伐纣是一场以少胜多的战争，周武王姬发在此过程中多次举行誓师仪式激励士气，面对数倍于己的商朝军队，周武王巧妙地运用"阳言"彰显己方优势，扫除部下的恐惧心理。在《泰誓中》中他说："商王帝受（也就是我们熟悉的商纣王）虽然统治着亿兆平民，但他们都与商朝离心离德；我虽然只有拨乱反正的大臣十人，但他们都同心同德。纣虽有至亲的臣子，比不上我周家的仁人。"这是从团结角度展示己方的优势。

周武王接下来又说："上天的看法，出自我们人民的看法，上天的听闻，出自我们人民的听闻。老百姓有所责难于我，我一定要依从民意前往讨伐。"这是从民心角度展示己方的优势。

周武王继续说："我们的武力要发扬，要攻到商国的疆土上，捉到那些残暴之徒；我们的讨伐要进行，这个事业比成汤的还辉煌呀！"这是从道义角度告诉大家，"武王伐纣"并不是犯上作乱，而是继承了商朝先祖汤的遗志。

到了"武王伐纣"的决战（也就是我们熟悉的"牧野之战"）时，周武王又发表了《牧誓》，在演讲后半部分他说"希望你们威武雄壮，如虎、貔、熊、罴一样开赴商都郊外"，这也是用"阳言"激励士气。

以吾之众旅，投鞭于江，足断其流。

——《晋书·载记第十四章》

淝水之战前，前秦的苻坚说出了"投鞭断流"的豪言壮语，其目的也是用"阳言"增强群臣南征的信心。然而事与愿违，他的一系列大意和失误，最终导致前秦军队在淝水大败，这句"投鞭断流"也几乎成为后人的笑柄。可见"阳言"如果不能实现，则会对士气带来更为严重的影响。因此，很多聪明的统帅善于使用"阴言"，通过贬低对手来激发部下的勇气。比如《左传》中记载了楚国的"斗越椒之乱"，在这场战役中楚庄王就利用了"阴言"之术。

秋七月戊戌，楚子与若敖氏战于皋浒。伯棼射王，汰辀，及鼓跗，著

向古人学沟通
——中华优秀传统文化中的沟通智慧

于丁宁。又射,汰辀,以贯笠毂。师惧,退。王使巡师曰:"吾先君文王克息,获三矢焉,伯棼窃其二,尽于是矣。"鼓而进之,遂灭若敖氏。

——《左传·宣公四年》

在楚庄王(文中的"楚子","子"是爵位)时代,权臣斗越椒(文中的"若敖氏""伯棼","若敖"是他的姓氏,"伯棼"是他的字)起兵作乱,楚庄王率军与其在"皋浒"交战。斗越椒用箭射楚庄王,他是楚国有名的神射手,射出的箭力道强劲,箭飞过车辕,穿过鼓架,射在铜钲上(楚庄王的马车上有用来发号施令的铜鼓和铜钲,铜钲被称为"丁宁")。斗越椒又射出一箭,那箭镞飞过车辕,直接射透了楚庄王的车盖。楚庄王麾下的士兵感到害怕,有人开始退却。楚庄王灵机一动,派人在军队里到处喊:"当年我们的先君文王攻克息国的时候,曾经得到三支神箭,斗越椒偷去两支,已经全用完了。"楚庄王把斗越椒射出的两箭说成是偷来的"神箭"发威,又告诉麾下将士们仅此两箭而已,不会再有新的危险,于是士

第六章 沟通功能二：营造气氛

气重新振作起来，楚庄王趁势下令击鼓进军，一举消灭了若敖氏。楚庄王在这里借助"阴言"消除士兵对斗越椒的恐惧感，成功地稳住了即将崩溃的军心。

夏四月戊辰，晋侯、宋公、齐国归父、崔夭、秦小子憖次于城濮。楚师背酅而舍，晋侯患之，听舆人之诵曰："原田每每，舍其旧而新是谋。"公疑焉。子犯曰："战也！战而捷，必得诸侯。若其不捷，表里山河，必无害也。"公曰："若楚惠何？"栾贞子曰："汉阳诸姬，楚实尽之。思小惠而忘大耻，不如战也。"晋侯梦与楚子搏，楚子伏己而盬其脑，是以惧。子犯曰："吉。我得天，楚伏其罪，吾且柔之矣。"

——《左传·僖公二十八年》

在晋楚那场著名的"城濮之战"前，楚军占据了有利地形，晋文公对此很忧虑。他听到士兵们唱的歌："原野上青草多茂盛，除掉旧根播新种。"晋文公心中疑虑，开始对要不要与楚军决战踟蹰不决。

狐偃（字子犯）说："打吧！打了胜仗，一定会得到诸侯拥戴。如果打不胜，晋国外有黄河，内有太行山，也必定不会受什么损害。"晋文公说："楚国从前对我们的恩惠怎么办呢？"当年晋文公继位之前，曾经在列国逃亡，并受到楚王的恩惠。当时楚王问他日后如果成为晋国国君，将用什么来报答楚国。晋文公不卑不亢，提出了如果在战场上相遇，将"退避三舍"的方案。这时晋文公又提到过去的恩惠，但群臣知道这只是晋文公的托词。因此栾枝使用了"反而求之"的策略，说："汉水北面那些姬姓的诸侯国，全被楚国吞并了。想着过去的小恩小惠，会忘记这个奇耻大辱，不如同楚国打一仗。"在群臣的逼问下，晋文公终于说出令他不安的真正原因：原来晋文公夜里梦见同楚成王格斗，楚成王把他打倒，趴在他身上吸他的脑汁，因此有些害怕。狐偃这时就运用了"阴言"策略，他解释说："这是吉利的征兆。您躺在地上象征我们得到天助，楚王趴着象征

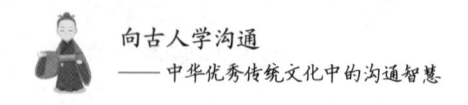

他面向地服罪,而脑汁属于阴柔之物,他吸食脑汁,代表他获得失败的结果。这场仗我们会取胜的。"真是怎么说都有理!

二十九年秋,宗王明理铁木儿挟海都以叛,诏伯颜讨之,相值于阿撒忽秃岭,矢下如雨,众军莫敢登,伯颜令之曰:"汝寒君衣之,汝饥君食之,政欲效力于此时尔。于此不勉,将何以报!"麾诸军进,后者斩,伯颜先登陷阵,诸军望风争奋,大破之。

——《元史·列传第十四》

元代的名臣伯颜率军平定宗亲明理铁木儿和海都的叛乱,在阿撒忽秃岭相持不下,敌军箭如雨下,伯颜见手下将士不敢强攻,便对他们说:"你们寒冷的时候,皇帝(元世祖忽必烈)赐予你们衣装;你们饥饿的时候,皇帝赐予你们食物。现在你们不奋力杀敌,将以什么来回报皇上的恩情?"于是下令全军突进,落后者斩,伯颜本人率先杀入敌阵,诸军将士大为振奋,于是大破敌军。

第七章

沟通功能三：自我展示

第七章 沟通功能三：自我展示

> 故知之始己，自知而后知人也。其相知也，若比目之鱼；见其形也，若光之与影。其察言也不失，若磁石之取针，如舌之取燔骨。
>
> ——《鬼谷子·反应》

《鬼谷子》的《反应》篇还谈到了知人知己的问题，了解是处理人际关系的前提，人际沟通的过程也是彼此加深了解的过程。在社会生活中，每个人都期待获得别人的赏识，在相知的两人之间可以形成一种默契，就像声音与回声、光和影子那样焦不离孟、孟不离焦。而有了这种默契之后，意见和建议被采纳的难度就大大降低了，就像用吸铁石去吸附铁针，或者用舌头去舔食烂熟的骨头上的肉一样容易。

然而自我展示绝非易事，由于人的认知受主客观两方面因素的影响，因此"你所展示的"与"对方看到的"之间往往存在很大的差距。虽然孔子强调"人不知而不愠，不亦君子乎""不患人之不己知，患不知人也"（以上二句皆出自《论语·学而》），但是"信而见疑，忠而被谤，能无怨乎？（出自《史记·屈原列传》）"，古代很多忠臣良将都遭遇过猜疑和诽谤，李商隐用"可怜夜半虚前席，不问苍生问鬼神"表达对西汉贾谊怀才不遇的惋惜。岳飞在《小重山》中发出"欲将心事付瑶琴。知音少，弦断

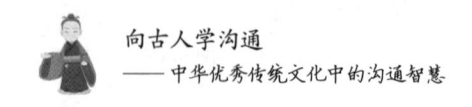

有谁听"的感慨。辛弃疾则感慨"把吴钩看了，栏杆拍遍，无人会，登临意（出自《水龙吟·登建康赏心亭》）"。历史上有很多遗憾都与自我展示相关，因此我们有必要学习古人的智慧，在关键时刻更好地展示自我，把握住难得的机遇。

一、吸引注意——巧妙地展示自己的优势

古之善摩者，如操钩而临深渊，饵而投之，必得鱼焉。

——《鬼谷子·摩篇》

注意力是人类社会中的稀缺资源。如何获取大众的注意力，并将注意力转换为财富和权力等其他社会资源，在今天已经成为传播学、市场营销学的重要课题。而在信息传播手段远远落后于今天的古代，注意力更显得难能可贵。古人获取注意力的常规方式就是参加科举考试，正所谓"十年寒窗无人问，一举成名天下知"。而在科举制尚未出现的时代，如何获取领导者的注意力就成了很多思想家关心的问题。《鬼谷子》中说善于"摩"的人，就像在深渊旁钓鱼，通过高超的沟通技巧获取注意力。

比较常见的一种技巧是编一句口号，给自己打"广告"。比如《水浒传》中的梁山好汉，人人都有一个绰号，有的绰号仅仅是对好汉相貌或者特长的描述，比如"九纹龙""矮脚虎""花和尚"等。而宋江的绰号"及时雨"则与众不同，我们看《水浒传》第十八回《美髯公智稳插翅虎宋公明私放晁天王》中，宋江首次出场时的介绍："他刀笔精通，吏道纯熟，更兼爱习枪棒，学得武艺多般。平生只好结识江湖上好汉：但有人来投奔他的，若高若低，无有不纳，便留在庄上馆谷，终日追陪，并无厌倦；若要起身，尽力资助，端的是挥霍，视金似土。人问他求钱物，亦不推托。且好做方便，每每排难解纷，只是周全人性命。如常散

施棺材药饵，济人贫苦，周人之急，扶人之困。以此山东、河北闻名，都称他做及时雨，却把他比的做天上下的及时雨一般，能救万物。""及时雨"这个绰号带有价值性，是从宋江能给其他人提供价值的角度得来的，这样的绰号自然就成了一句绝妙的广告语，最终成为宋江行走江湖的"金字招牌"。此后书中经常出现宋江被江湖人士劫持，但只要报出名字，那些江湖人士就"纳头便拜"的场景。能够实现这一效果，"及时雨"这个绰号功不可没。

在《三国演义》第三十五回《玄德南漳逢隐沦　单福新野遇英主》中，刘备为了躲避蔡瑁的追杀"马跃檀溪"，在一村庄附近遇到一位吹笛的牧童，没想到这牧童停牛罢笛，熟视刘备问道："将军莫非破黄巾刘玄德否？"刘备非常吃惊："汝乃村僻小童，何以知吾姓字？"牧童曰："我本不知。因常侍师父，有客到日，多曾说有一刘玄德，身长七尺五寸，垂手过膝，目能自顾其耳，乃当世之英雄。今观将军如此模样，想必是也。"刘备问道："汝师何人也？"牧童说："吾师覆姓司马，名徽，字德操，颍川人也。道号'水镜先生'。"刘备又问："汝师与谁为友？"小童回答说："与襄阳庞德公、庞统为友。"玄德好奇道："庞德公乃庞统何人？"童子说："叔侄也。庞德公字山民，长俺师父十岁；庞统字士元，少俺师父五岁。一日，我师父在树上采桑，适庞统来相访，坐于树下，共相议论，终日不倦。吾师甚爱庞统，呼之为弟。"

刘备有意拜会这位司马徽先生，所以报上姓名道："吾正是刘玄德。汝可引我去拜见你师父。"童子便引刘备来到一处格调清幽高雅的住所，其中一人，松形鹤骨，气宇不凡，正是水镜先生司马徽。水镜先生和刘备寒暄几句之后就问出一个"扎心"的问题："吾久闻明公大名，何故至今犹落魄不偶耶？"刘备回答道："命途多蹇，所以至此。"水镜却说："不然。盖因将军左右不得其人耳。"刘备并不服气，道："备虽不才，文有孙乾、糜竺、简雍之辈，武有关、张、赵云之流，竭忠辅相，颇赖其力。"水镜慢慢解释道："关、张、赵云，皆万人敌，惜无善用之之人。若孙乾、糜竺辈，乃白面书生，非经纶济世之才也。"刘备无奈地说："备亦尝侧身以求山谷之遗贤，奈未遇其人何！"水镜回答："岂不闻孔子云：'十室之邑，必有忠信。'何谓无人？"玄德好奇心被勾起，道："备愚昧不识，愿赐指教。"水镜说："公闻荆襄诸郡小儿谣言乎？其谣曰：'八九年间始欲衰，至十三年无孑遗。到头天命有所归，泥中蟠龙向天飞。'此谣始于建安初：建安八年，刘景升丧却前妻，便生家乱，此所谓'始欲衰'也；'无孑遗'者，不久则景升将逝，文武零落无孑遗矣；'天命有归'，'龙向天飞'，盖应在将军也。"刘备闻言大惊说："备安敢当此！"水镜则继续说："今天下之奇才，尽在于此，公当往求之。"刘备问："奇才安在？果系何人？"水镜这时说出了一句高深莫测的谜语："伏龙、凤雏，两人得一，可安天下。"刘备更加好奇："伏龙、凤雏何人也？"水镜则抚掌大笑，打起了马虎眼："好！好！"刘备还想再问，水镜却说："天色已晚，将军可于此暂宿一宵，明日当言之。"接下来水镜先生也没有揭晓"卧龙""凤雏"到底是何人，而是设计让刘备结识了徐庶，后来刘备通过徐庶知晓了"卧龙"是诸葛亮、"凤雏"是庞统，然后就是我们熟知的"三顾茅庐"的故事了。

我们看以上这段故事，其中有几点非常值得我们深思。第一，牧童为什么能一眼认出刘备，而且一个村郊的牧童又为什么会有水镜先生这样的师父。我们可以猜测这场相逢并非偶然，而是早就被设计好的场景。

第二，水镜先生与庞德公、庞统为友，而庞统就是水镜先生所说的"凤雏"，因此我们也可以猜测"卧龙"诸葛亮也是水镜先生的好友。

第三，刘备与水镜先生的对话。水镜先生三言两语便把话题引向了人才方面，让刘备意识到自己身边缺乏"经纶济世之才"。接着说出"龙向天飞"的童谣来，这应该是用"阳言"激发刘备的求才之心，为接下来的"伏龙、凤雏，两人得一，可安天下"的传言做铺垫。这里的童谣是否真的始于建安初年？"卧龙凤雏"的传言流传范围有多大？其实都是难以考证的事情。所以这套故弄玄虚,其实是"乡村有志青年"诸葛孔明的一场求职活动!

在接下来的"三顾茅庐"故事中,崔州平、石广元、孟公威、黄承彦等人依次登场,实在是吊足了刘备的胃口。我们梳理一下人物关系:崔州平、石广元、孟公威是诸葛亮的同学好友,而黄承彦则是诸葛亮的岳父。

有人可能会疑惑:诸葛亮想要效力刘备,直接上门不就得了,为什么要如此大费周章呢?首先,诸葛亮作为一个青年才俊,虽然满腹经纶,但毕竟没有任何成就,而刘备已经有"髀肉复生"之感叹,他虽然胸怀大志,但毕竟已经年近半百,所以他虽然求贤若渴,但也非常担心遇到欺世盗名之徒,会对毛遂自荐的人有较强的防备心。其次,诸葛亮即便再有才能,也需要刘备能够采纳建议才得以施展,且不说刘备本人的态度,单是他手下如关羽、张飞等旧部,也一定会对一个过度受宠的新人产生嫉妒心理,因此诸葛亮需要引起刘备的高度重视,而这对于一个陌生的年轻人来说实在是太难了。因此诸葛亮才通过一系列精心设计让刘备重视自己,最终通过"三顾茅庐"形成一种契约,确保自己刚一加入刘备集团就能获得较高的地位。

说完"卧龙"的求职智慧,我们再说说"凤雏"是如何引起刘备注意的。

先主领荆州,统以从事守耒阳令,在县不治,免官。吴将鲁肃遗先主书曰:"庞士元非百里才也,使处治中、别驾之任,始当展其骥足耳。"诸葛亮亦言之於先主,先主见与善谭,大器之,以为治中从事。亲待亚於诸葛亮,遂与亮并为军师中郎将。亮留镇荆州。统随从入蜀。

——《三国志·蜀书七》

庞统加入刘备集团时,诸葛亮已经成为刘备的重要谋臣,因此刘备对庞统的态度不比"三顾茅庐"时对诸葛亮般求贤若渴,而且庞统"貌陋",

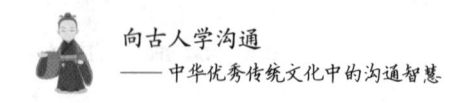

并不能给刘备良好的第一印象，因此刘备只给了庞统"耒阳县令"的职务，但庞统的才能只有作为军师这样的高级参谋才能得以充分发挥。对于这种局面，庞统需要做的是快速获得刘备的注意，所以他故意疏懒政务以至于闹到免官的程度。在刘备不解之际，通过鲁肃的书信重新获得被任用的机会。我们在学习这个案例的时候切不可生搬硬套，以为庞统能重获刘备任用是因为他把工作搞砸了。我们必须联系上一个故事来理解：首先是刘备早已知道庞统的名声，对他有较高的期待；其次是庞统在吴国有较好的人脉，能够得到鲁肃的竭力推荐。有这两点做保障，才敢做出出格的举动。换作其他人这么做，其后果可能是非常危险的。

"庞统治耒阳"的故事告诉我们：与"被讨厌"相比，"被忽略"可能是更为可怕的局面，因此我们在一筹莫展时，或许可以故意做出格之举，获得沟通对象的注意力。但必须做好充分的准备，留好"后招"，因为获得注意力本身不是目的，在引起注意的基础上获得好感才是最终目的。

在《水浒传》第六十一回《吴用智赚玉麒麟　张顺夜闹金沙渡》中，梁山好汉们为了报曾头市晁盖中箭身亡之仇，需要让大名府（北宋时称"北京城"）文武双全的"玉麒麟"卢俊义上山入伙，可问题是这卢俊义是一方富豪，怎么可能随随便便落草为寇？吴用的计谋是在卢俊义府上题写一首"反诗"，以此为契机逐步策反卢俊义。梁山人士该如何进入戒备森严的卢俊义府里呢？最好的办法莫过于获得卢俊义的主动邀请，获取卢俊义的注意就成了整个计划的第一步。

且说吴用、李逵两个，摇摇摆摆，却好来到城门下。守门的左右约有四五十军士，簇捧着一个把门的官人在那里坐定。吴用向前施礼，军士问道："秀才那里来？"吴用答道："小生姓张名用。这个道童姓李。江湖上卖卦营生，今来大郡与人讲命。"身边取出假文引，交军士看了。众人道："这个道童的鸟眼，恰像贼一般看人。"李逵听道，正待要发作，吴用慌忙把头来摇，李逵便低了头。吴用向前与把门军士陪话道："小生一言难尽！这个道童又聋又哑，只有一分蛮气力，却是家生的孩儿，没奈何带他出来。这厮不省人事，望乞恕罪！"辞了便行。李逵跟在背后，脚高步低，望市心里来。吴用手中摇着铃杵，口里念四句口号道：

"甘罗发早子牙迟，彭祖颜回寿不齐。

范丹贫穷石崇富，八字生来各有时。"

吴用又道："乃时也，运也，命也。知生知死，知因知道。若要问前程，先请银一两。"说罢，又摇铃杵。北京城内小儿，约有五六十个，跟着看了笑。却好转到卢员外解库门首，自歌自笑，去了复又回来，小儿们哄动。

吴用让黑粗蛮横的李逵扮成道童，本就显得非常滑稽，引得"北京城内小儿，约有五六十个，跟着看了笑"，又故意收取价值一两银子的"天价"占卜费，这样反常的二人自然成了街谈巷议的话题。卢俊义家丁众多，必然会看到二人的怪模样，同时"天价"占卜费也恰好筛选掉了其他好事者，大概全大名府只有卢俊义一人消费得起。

卢员外正在解库厅前坐地，看着那一班主管收解，只听得街上喧哄，唤当直的问道："如何街上热闹？"当直的报复员外："端的好笑，街上一个别处来的算命先生，在街上卖卦，要银一两算一命。谁人舍的！后头一个跟的道童，且是生的渗濑，走又走的没样范，小的们跟定了笑。"卢俊义道："既出大言，必有广学。当直的，与我请他来。"也是天罡星合当聚会，自然生出机会来。当直的慌忙去叫道："先生，员外有请。"吴用道："是何人请我？"当直的道："卢员外相请。"这哪里是什么天罡星聚会胜出的机会，明明就是"土豪"卢员外被吴用拿捏住了而已。

《战国策》中也有一段有趣的故事。

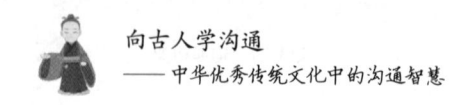

貂勃常恶田单，曰："安平君，小人也。"安平君闻之，故为酒而召貂勃，曰："单何以得罪于先生，故常见誉于朝？"貂勃曰："跖之狗吠尧，非贵跖而贱尧也，狗固吠非其主也。且今使公孙子贤，而徐子不肖。然而使公孙子与徐子斗，徐子之狗，犹时攫公孙子之腓而噬之也。若乃得去不肖者，而为贤者狗，岂特攫其腓而噬之耳哉？"安平君曰："敬闻命。"明日，任之于王。

——《战国策·齐策六》

田单是齐国末期权倾朝野的大臣，而貂勃则只是一名小人物，貂勃想要获得田单重用，就常常在公开场合抨击田单，说他是个小人。果然这样的举动被田单注意到了，设下酒宴召请貂勃。对于貂勃来说，只要获得了这次深入交流的机会就好办了，于是他摆出"各为其主"的道理，既是辩白，也是向田单展示自己出色的口才，从而获得田单的注意。我们学习这一策时千万不要断章取义，以为通过诋毁一个人可以获得对方的认可。这一策有其特殊的背景，即田单因为功高盖主而被齐王猜忌，齐王周围有九位重臣都欲对田单不利。貂勃首先要获取齐王及这些人的信任，才能以"间谍"的身份帮助田单，因此才拼命诋毁田单，而田单应该也识破了貂勃的计谋，所以设宴面见貂勃，确认貂勃的立场。

二、树立威信——用赏贵信、用刑贵正

秦假道韩、魏以攻齐，齐威王使章子将而应之。与秦交合而舍，使者数相往来，章子为变其徽章以杂秦军。候者言章子以齐入秦，威王不应。顷之间，候者复言章子以齐兵降秦，威王不应。而此者三。有司请曰："言章子之败者，异人而同辞。王何不发将而击之？"王曰："此不叛寡人明矣，曷为击之？"

顷间，言齐兵大胜，秦军大败，于是秦王称西藩之臣而谢于齐。左右

曰："何以知之？"曰："章子之母启得罪其父，其父杀之而埋马栈之下。吾使章子将也，勉之曰：'夫子之强，全兵而还，必更葬将军之母。'对曰：'臣非不能更葬先妾也。臣之母启得罪臣之父，臣之父未教而死。夫不得父之教而更葬母，是欺死父也。故不敢。'夫为人子而不欺死父，岂为人臣欺生君哉？"

——《战国策·齐策一》

这一策的故事说的是：秦国借道韩、魏去进攻齐国，齐威王派匡章（章子）率兵迎击秦军。与秦军对垒，双方各有使节互相交往。匡章便更改了旗帜，让士兵另换号衣，冒充秦军，混入秦军之中。齐国的侦察人员不知匡章之意，报告说："匡章让齐兵投降了秦军。"齐威王听了，不予理睬。过了不久，侦察人员又报告说："匡章让齐兵投降了秦军。"齐威王听了，还是不予理睬。就这样，一连三次。有位军吏请示说："说匡章已叛变投敌的人，都异口同声，大王为何不派大将军去讨伐呢？"威王说："这就充分说明匡章不会叛变投敌，又为何要去讨伐呢？"

过了不久，果然有消息说："齐军大胜，秦军大败。"于是，秦王向齐王俯首称作"西藩之臣"请求恕罪。这个事件之后有大臣好奇地问齐王："大王为什么会知道匡章不会叛变投敌呢？"威王说："匡章的母亲启，得罪了他的父亲，匡章的父亲杀了她，就埋在马栈下面。我派遣匡章率兵迎击秦军，勉励他说：'您如果打了胜仗，全军返还，我一定为将军的母亲迁葬。'匡章说：'我并不是不能为我母亲迁葬。我的母亲启得罪了我父亲，为我父亲所杀，埋在马栈之下。我父亲未能让我迁葬，就去世了。我没有得到父亲的指示，就迁葬母亲，这乃是对死去父亲的欺骗。所以，我不敢迁葬。'作为人子都不敢欺骗死去的父亲，那么作为人臣又怎敢欺骗活着的国君呢？"

上面这个故事为我们展示了诚信的力量。人们在日常生活中表现出的诚信可以成为一张亮丽的"个人名片"，在关键时刻给他人以确定性，这种信

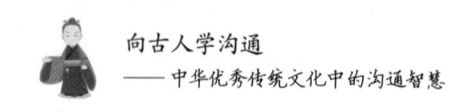

任往往是合作中最为关键、稀缺的因素。匡章就是因为"为人子而不欺死父"而获得齐王的信任，因此在战争的关键时机，才不会被谗言中伤。

用赏贵信，用刑贵正。赏赐贵信，必验耳目之所闻见，其所不闻见者，莫不暗化矣。诚畅于天下神明，而况奸者干君。

——《鬼谷子·符言》

普通人需要构建诚信的形象，领导者则需要将"信"作为统治工具。《韩非子》认为领导者能够使用的工具无非两样，一个是刑罚，另一个是恩德，《鬼谷子》则进一步指出"用赏贵信，用刑贵正"的道理，赏赐必须彰之于众，起到教化作用，这样才有利于确立君主的威信。

吴起为魏武侯西河之守。秦有小亭临境，吴起欲攻之。不去，则甚害田者；去之，则不足以征甲兵。于是乃倚一车辕于北门之外而令之曰："有能徙此南门之外者，赐之上田、上宅。"人莫之徙也。及有徙之者，还赐之如令。俄又置一石赤菽东门之外而令之曰："有能徙此于西门之外者，赐之如初。"人争徙之。乃下令曰："明日且攻亭，有能先登者，仕之国大夫，赐之上田宅。"人争趋之，于是攻亭，一朝而拔之。

——《韩非子·内储说上七术》

《韩非子》中记载了战国政治家、军事家吴起的一则故事：吴起在担任魏武侯西河郡守的时候，秦国有一个边防岗亭紧靠西河边境，吴起想要攻占它。如果不除去这个岗亭，那么对魏国的种田人危害很大；可是如果要除去这个岗亭，又不值得为此去征集军队。于是吴起想出一个办法，把一根车辕立在北门的外边，然后发布命令说："谁能把这根车辕搬到南门的外边，就赏赐给他上等的农田和上等的住宅。"开始没有人出来搬，等到后来终于有人把它搬到南门的外边时，就立即按照承诺进行赏赐。不久，吴起又把一石赤豆放在东门外边，然后发布命令说："谁能把这石赤豆搬到西门外边，就像上次一样给他赏赐。"这一次人们都争着去搬。于是吴起又下令说："明天将要攻取那座岗亭，谁能率先登上岗亭，就任命他为国大夫，赏赐给他上等的农田和住宅。"人们都争相前来应募。于是吴起下令攻打岗亭，很快就把它攻占了。这个故事不禁让我们想起商鞅"徙木立信"的故事，可见善于运用"明赏"是树立威信的重要手段。

从博弈论角度来说，"明赏"能够给他人一种确定性的信号，有助于在公众面前树立公正的形象，形成积极的期待。

操获全胜，将所得金宝缎匹，给赏军士。于图书中检出书信一束，皆许都及军中诸人与绍暗通之书。左右曰："可逐一点对姓名，收而杀之。"操曰："当绍之强，孤亦不能自保，况他人乎？"遂命尽焚之，更不再问。

——《三国演义·第三十回 战官渡本初败绩 劫乌巢孟德烧粮》

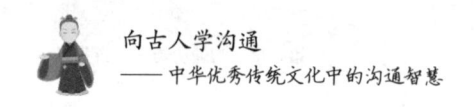

这个故事在《三国志》中也有记载，说的是官渡之战后，曹操从袁绍军中搜出一批书信，都是曹操的部下在战争前、中期与袁绍暗通款曲的凭证。有人劝曹操说："请您一一核对姓名，然后将这些有二心的人捉捕杀掉！"曹操却说："当时袁绍那么强盛，连我都不能自保，何况其他人呢？"所以让人把这批书信烧掉，从此不再追究。很多人读到这个故事，首先会认为曹操是一个宽宏大量的人，能够对部下的二心既往不咎。但我们更应该从博弈论的角度看这件事情。曹操的这个举动等于向众人释放了一个"不计前嫌"的信号，如果他只是烧毁书信，众人并不一定真的相信，仍然担心曹操日后会打击报复。但是他既然已经公然表态不会追究此事，并且烧毁了这批书信，那么他本人看与不看这批书信已经没那么重要了。即便他实际上看了这批书信，日后也不至于以此事来处罚众人。这等于在曹操与众部下之间建立了默契。更妙的是，正因为众部下担心曹操实际上有可能已经看过这些书信了，所以才会在今后的工作中更加忠心、更加谨慎。

高帝已封大功臣二十余人，其余日夜争功不决。上在洛阳南宫，望见诸将往往相与坐沙中偶语，以问留侯。对曰："陛下起布衣，以此属取天下。今为天子，而所封皆故人，所诛皆仇怨，故相聚谋反耳！"上忧之，曰："奈何？"留侯曰："上生平所憎，群臣所共知，谁最甚者？"上曰："雍齿数窘我。"留侯曰："今急，先封雍齿，则群臣人人自坚矣。"乃封齿为什邡侯。群臣喜曰："雍齿且侯，吾属无患矣。"

——《智囊·捷智部》

《智囊》中记载的这个汉初张良的妙计更是令人赞叹：汉高祖刘邦平定天下后，陆续封赏了二十多位功臣，但由于功臣太多，一时间不能尽数安排。因此还没得到封赏的那些功臣日夜争功，不能决出高下。有一次刘邦在洛阳南宫，从桥上望见一些将领常常坐在沙地上彼此议论。刘邦问：

"这些人在说什么？"留侯张良说："陛下不知道吗？他们这是在商议谋反的事情呀。"刘邦大惊失色说："天下已接近安定，为什么还要谋反呢？"张良说："陛下以平民身份起事，靠着这些人取得了天下，现在陛下做了天子，而所封赏的都是萧何、曹参这些陛下所亲近宠幸的老友，所诛杀的都是一生中仇恨的人。如今军官们计算功劳，认为天下的土地不够封赏到每一个人，这些人担心封赏轮不到自己，又害怕因他们之前的过失而遭受陛下的诛杀，所以就聚在一起图谋造反了。"刘邦被这番话吓了一跳，于是忧心忡忡地请教："那我该怎么应对这件事呢？"张良说："这些功臣中有哪一个是陛下您最憎恶的？"刘邦说："雍齿与我有宿怨，曾多次使我受窘受辱。我原想杀掉他，可是他确实也曾经立下了功劳，所以我不忍心杀他。"雍齿是刘邦的同乡，在楚汉争霸期间曾经背叛过刘邦，后来又归顺刘邦并立功。张良便说："那么您现在赶紧先封赏雍齿来给群臣看，群臣见雍齿这样的人都有资格受封赏，那么对自己也能够受封就会坚信不疑。"于是刘邦便摆设酒宴，封雍齿为什邡侯，并紧迫地催促丞相、御史评定功劳，施行封赏。群臣吃过酒后，都高兴地说："雍齿尚且被封为侯，我们这些人就不担忧了。"这就叫"赏一人而安天下"，利用的就是封赏的示范效应。

　　襄子围于晋阳中，出围，赏有功者五人，高赫为赏首。张孟谈曰："晋阳之事，赫无大功，今为赏首，何也？"襄子曰："晋阳之事，寡人国家危，社稷殆矣。吾群臣无有不骄侮之意者，惟赫子不失君臣之礼，是以先之。"仲尼闻之曰："善赏哉！襄子赏一人而天下为人臣者莫敢失礼矣。"

——《韩非子·难一》

　　封赏还可以用来体现价值导向。之前我们讲过智伯瑶率领魏、韩联军围攻赵氏晋阳城的故事。当时赵襄子在晋阳被智伯瑶的水攻之计围困，差点被杀，幸亏张孟谈缒城而出，策反了与智伯瑶联合的魏、韩两家，最终

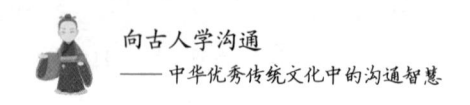

反败为胜。然而论功行赏之际,却首先赏赐了高赫。张孟谈很不服气地质疑:"晋阳之役中,高赫并未立下任何大功啊,他凭什么得到首赏?"赵襄子回答说:"晋阳被围的时候,我的国家危在旦夕。臣子们看到我那般田地,也纷纷表现出对我轻蔑无礼的意思。只有高赫从来没有忘记君臣之礼,因此他应当受首赏。"孔子听了之后赞叹:"赵襄子真是懂得赏赐的道理啊!他仅仅封赏一人,却让天下为臣者不敢失礼!"韩非子在评论这个事件的时候却不认同孔子的观点,他认为:"为人臣者,乘事而有功则赏。今赫仅不骄侮,而襄子赏之,是失赏也。明主赏不加于无功,罚不加于无罪。今襄子不诛骄侮之臣,而赏无功之赫,安在襄子之善赏也?"意思是赵襄子应当惩治那些"骄侮之臣",但不应该赏赐没有功劳的高赫,因此赵襄子是错误地运用了赏赐这个工具。究竟孔子与韩非子孰是孰非?我们应当代入当时的情境中理解:春秋战国交替之际,各诸侯国中的权臣纷纷取代原来的宗主,其中最为典型的就是"三家分晋"。对于赵襄子来说,战胜智伯瑶固然重要,但更为重要的是让赵国成为独立的诸侯国,自己成为一国之君。因此树立君主权威要比战场的胜负更有价值,他赏赐高赫并不是贬低张孟谈,也不是真的觉得高赫功劳大,而是通过这种行为传递一种君臣尊卑之礼。

爱多者则法不立,威寡者则下侵上。是以刑罚不必则禁令不行。

——《韩非子·内储说上七术》

《韩非子》认为领导者不能徇私枉法,《鬼谷子》则提出"用刑贵正"的道理。古代的法家认为使用刑罚不能顾忌权威,也不能考虑私情,这样才能体现公正,树立法治的权威。

齐景公时,晋伐阿、甄,而燕侵河上,齐师败绩。景公患之。晏婴乃荐田穰苴曰:"穰苴虽田氏庶孽,然其人文能附众,武能威敌,愿君试之。"景公召穰苴,与语兵事,大说之,以为将军,将兵扞燕晋之师。穰苴曰:"臣素卑贱,君擢之闾伍之中,加之大夫之上,士卒未附,百姓不信,人微权轻,愿得君之宠臣,国之所尊,以监军,乃可。"于是景公许之,使庄贾往。穰苴既辞,与庄贾约曰:"旦日日中会于军门。"穰苴先驰至军,立表下漏待贾。贾素骄贵,以为将己之军而己为监,不甚急;亲戚左右送之,留饮。日中而贾不至。穰苴则仆表决漏,入,行军勒兵,申明约束。约束既定,夕时,庄贾乃至。穰苴曰:"何后期为?"贾谢曰:"不佞大夫亲戚送之,故留。"穰苴曰:"将受命之日则忘其家,临军约束则忘其亲,援枹鼓之急则忘其身。今敌国深侵,邦内骚动,士卒暴露于境,君寝不安席,食不甘味,百姓之命皆悬于君,何谓相送乎!"召军正问曰:"军法期而后至者云何?"对曰:"当斩。"庄贾惧,使人驰报景公,请救。既往,未及反,于是遂斩庄贾以徇三军。三军之士皆振栗。久之,景公遣使者持节赦贾,驰入军中。穰苴曰:"将在军,君令有所不受。"问军正曰:"驰三军法何?"正曰:"当斩。"使者大惧。穰苴曰:"君之使不可杀之。"乃斩其仆,车之左驸,马之左骖,以徇三军。遣使者还报,然后行。

——《史记·司马穰苴列传》

司马穰苴姓田,是陈国田完的后代。齐景公在位的时候,晋国攻打齐国的东阿、甄城两地,而且燕国也趁机侵犯河上地区,齐国的军队打了败仗。齐景公对此感到非常担心。宰相晏婴于是向齐景公举荐了田穰苴,说:"穰苴虽然是田氏的庶子,可是他的文才能令众人归附,武艺能够威慑敌人,请国君试用这个人。"齐景公召来田穰苴,和他讨论了一些军事方面的事情之后,非常高兴,于是就让他当了将军,命他统领军队抵御燕国和晋国的军队。田穰苴说:"我一向身份低微卑贱,国君您把我从闾巷里的平民中提拔出来,职位比大夫还要高,士兵们不亲附我,百姓不信任我。由于我身份卑微,权力也很轻,所以我希望能够有一位受到国人尊敬的,同时也受到国君宠爱的大臣来监督我统率的军队,就可以了。"在这

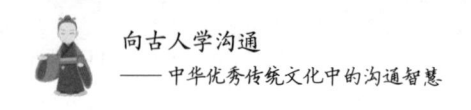

里田穰苴其实已经有意在寻找"杀鸡儆猴"的目标了。

　　齐景公应允了他的请求，派宠臣庄贾前往田穰苴的军营进行监督。田穰苴向齐景公辞别以后，和庄贾立下了约定，说："第二天中午在军营的门前会面。"第二天，田穰苴早就骑着马赶到了军营，并且立下了木表、漏壶来等待庄贾。庄贾一向都很骄傲，地位又很显要，他觉得既然是统率自己的军队，而且还是自己监督军队，就用不着太着急；亲戚和身边的朋友都为他饯行，挽留他喝酒。到了中午，庄贾也没有赶到军营门口。田穰苴于是推倒木表，打破漏壶，进了军营，开始巡查军队，整顿士兵，宣布各种规章号令。规章号令全都明确之后，到了傍晚时分，庄贾这才赶到军营。田穰苴说："为什么比我们约定的时间晚到了呢？"庄贾向他道歉说："有亲戚和朋友来为我送行，所以耽搁了一段时间。"田穰苴说："军队的统帅从接到命令的那天开始，就应该忘掉自己还有家；来到军队，接受军纪的管束，就应该忘掉自己的亲人和朋友；在擂动战鼓战况危急的关头，应该忘记自己还有性命。现在敌人已经深入我国境内，国家内部骚乱动荡，军卒们在前线舍命拼杀，国君睡觉都不能安稳，吃饭都觉得不香甜，所有人的性命都维系在你的身上，为你送行有那么重要吗？"于是司马穰苴叫来军中的执法官，问他说："军队中的法令，对于已经约定好时间，但延误期限的人的惩罚是什么？"那人回答道："应当问斩。"庄贾害怕，赶紧派人骑着快马上报齐景公为自己求情。穰苴没有等到求情的人回来，就斩杀了庄贾，并提着他的脑袋巡行三军，所有的士兵都战栗不已。过了很久，齐景公派遣使者手拿符节来到军中赦免庄贾，使者乘着马车进入军营。田穰苴说："将帅在军营中，对于君主下达的命令可以不必完全听从。"田穰苴问军中的执法官："驾着马车在军营中飞驰，军中法律是如何规定的？"执法官说："应当斩首。"使者十分畏惧。田穰苴说："国君派来的使者不能杀。"于是就杀死使者的仆人，砍断了马车左边夹车的木杆，杀掉了马车左边的马，拿这些向所有的士兵巡行警示。田穰苴让使者回报齐景公之后，就率领军队出发了。田穰苴通过连续斩杀庄贾和齐王使者的仆人，成功地向齐国将士传达了一个明确的信号：任何人都不得无视军法。由此才能令行禁止，建立严明的纪律，实现高效的指挥。

三、管理预期——"君子自污"的智慧

> 我有三宝，持而保之：一曰慈，二曰俭，三曰不敢为天下先。慈，故能勇；俭，故能广；不敢为天下先，故能成器长。
>
> ——老子《道德经》

很多人都知道积极地树立自己的正面形象和个人威信是一件重要的事情，然而还有一些人会故意展示自己的缺点，甚至刻意树立自己的负面形象，这是怎么回事呢？这涉及心理学中的一个有趣现象"锚定效应"。这个效应指的是当人们需要对某个事件做评估时，会将某些特定数值作为起始值，这些起始值被称为"锚点"，它像船锚一样制约着估测值，让人们的估测值不会偏离"锚点"太远。因此在沟通中，我们可以通过第一印象在对方心目中形成"锚点"，让对方对你的行为产生一定的预期，当你的实际行为超过这个预期的时候，对方会有喜出望外的感觉，而如果你的实际行为低于这个预期时，对方就会感到失望。所以在欣赏文艺作品的时候，我们看到一个反面角色最终做了好事，多半会对他产生同情，但是我们看到一个一直以来的正面角色最终"黑化"，会对他非常痛恨，这就是"锚定效应"的作用。因此在古代很多明智的人会通过调低他人对自己的预期，从而给对方制造深刻的印象。

《战国策·齐策四》中的著名故事《齐人有冯谖者》中就蕴含着这样的智慧，这是《战国策》诸多篇章中颇为著名的一篇，其中对孟尝君和冯谖两个人物的对话和活动做了非常详尽的记录。

让我们先了解这一策的背景：这一策的时间跨度较大，主要事件发生在公元前295—前293年的齐国，齐国的时任君主是齐闵王。这一策的主

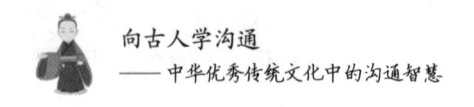

要人物孟尝君田文,在这一策中常以"文"自称,其父靖郭君田婴是齐闵王父亲齐宣王的亲兄弟,封邑在与魏国、楚国毗邻的薛地,薛在靖郭君的经营下成为齐国的"国中之国",大有与齐国王廷分庭抗礼之势。靖郭君死后,其爵位和封邑都由孟尝君世袭。孟尝君继任初期虽然身居齐国都城,但他受其父影响,不仅继续保持与国君对立的姿态,还广纳人才,引起齐闵王的不满。本策的主角冯谖出身低微,"贫乏不能自存",于是投奔到孟尝君门下做门客。冯谖与孟尝君初次见面时,就给孟尝君植入了一个负面印象的"锚点"。

孟尝君曰:"客何好?"曰:"客无好也。"曰:"客何能?"曰:"客无能也。"

心理学上的"首因效应"理论指出:初次见面的印象将对人际关系产生重要的影响。而冯谖在应对孟尝君的初次"面试"时,居然选择了"自黑"的方式,承认自己"无好""无能",这一出人意料的举止实际上有深刻的目的。首先,从常识判断,冯谖敢于投奔孟尝君门下,必定有其过人之处,他声称自己"无好""无能",并不会真的让孟尝君产生这种判断,孟尝君只会认为其中另有缘故。其次,孟尝君广纳门客,必然已对具有各类才能的"奇人"司空见惯。与其他门客的特长相比,冯谖的特长主要体现在管理、谋略、沟通等方面,这些特长很难被量化或直观展示,所以还不如不说。最后,孟尝君好"养士"的名声在外,但是否名副其实仍有待验证,冯谖这样的回答也可以视为对上级性格和包容度的试探。

果然,孟尝君笑而受之曰:"诺。"左右以君贱之也,食以草具。通过这样的试探,冯谖通过了这次"面试",也印证了孟尝君好"养士"、性格较为随和等信息,为后面进行"逆向领导"提供了基本的依据。

不久后,冯谖开始第二次形象管理的公关活动,这个故事非常有名。

居有顷，倚柱弹其剑，歌曰："长铗归来乎！食无鱼。"左右以告。孟尝君曰："食之，比门下之客。"居有顷，复弹其铗，歌曰："长铗归来乎！出无车。"左右皆笑之，以告。孟尝君曰："为之驾，比门下之车客。"于是乘其车，揭其剑，过其友曰："孟尝君客我。"后有顷，复弹其剑铗，歌曰："长铗归来乎！无以为家。"左右皆恶之，以为贪而不知足。孟尝君问："冯公有亲乎？"对曰："有老母。"孟尝君使人给其食用，无使乏。于是冯谖不复歌。

过了一段时间，冯谖倚着柱子弹着自己的剑，唱道："长剑我们回去吧！没有鱼吃。"左右的人把这事告诉了孟尝君。孟尝君说："让他吃鱼，按照中等门客的生活待遇。"又过了一段时间，冯谖弹着他的剑，唱道："长剑我们回去吧！外出没有车子。"左右的人都取笑他，并把这件事告诉了孟尝君。孟尝君说："给他车子，按照上等门客的生活待遇。"冯谖于是乘坐他的车，高举着他的剑，去拜访他的朋友，十分高兴地说："孟尝君待我为上等门客。"此后不久，冯谖又弹着他的剑，唱道："长剑我们回去吧！没有能力养家。"此时，左右的手下都开始厌恶冯谖，认为他贪得无厌。而孟尝君听说此事后问他："冯公有双亲吗？"冯谖回答说："家中有老母亲。"于是孟尝君派人供给他母亲吃用，不使她感到缺乏。于是从那之后，冯谖不再唱歌。

冯谖"弹铗而歌"的举动非常有仪式感，容易引发周围人的关注。冯谖将自己和孟尝君置于公众视野之下，这既降低了自己被责罚的风险，同时也是对上级的再次试探。《吕氏春秋·下贤》中写道："士虽骄之，而己愈礼之，士安得不归之？"当孟尝君关注和介入冯谖"弹铗而歌"的事件中的时候，此事就已经从简单的"下级要待遇"演变成冯谖与孟尝君联合导演的一场公关舆论事件。通过自己待遇要求的不断升级和孟尝君的无条件应允，冯谖成功帮孟尝君树立起"礼贤下士"的形象，也为自己树立了"性格乖张"的形象，这个形象虽然是负面的，但正是冯谖后续开展"向

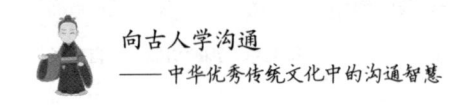

上领导"活动的必要前提。我们结合前文讲过的齐桓公"庭燎求贤"的典故，就更容易理解冯谖这一举动的意图了。然而冯谖真的是一个无能又贪婪的人吗？当然不是。他的一系列举动都是为了接下来为孟尝君办一件大事。

后孟尝君出记，问门下诸客："谁习计会，能为文收责于薛者乎？"冯谖署曰："能。"孟尝君怪之，曰："此谁也？"左右曰："乃歌夫长铗归来者也。"孟尝君笑曰："客果有能也，吾负之，未尝见也。"

此时的孟尝君已经忘记冯谖是哪一号人物了，冯谖之前"弹铗而歌"的出格举动在此时恰好成了方便识别的标签。

请而见之，谢曰："文倦于事，愦于忧，而性懧愚，沉于国家之事，开罪于先生。先生不羞，乃有意欲为收责于薛乎？"冯谖曰："愿之。"

冯谖为什么选择收债这一任务？第一，此时孟尝君对冯谖的才能并不了解，收债这个任务门槛较低，风险较小，孟尝君的决策成本低，冯谖获得任务的成功率较高。第二，冯谖可以在这个任务中获得孟尝君的独家授权，这就为自己争取了较大的操作空间，能够更好地施展个人才能。第三，这个任务需要离开齐国都城，奔赴孟尝君的封邑薛地执行，这就降低了孟尝君中止授权和他人诽谤中伤的风险。

冯谖辞行前的问题"责毕收，以何市而反"看似是随口而出，实际上是在为自己的下一步行动做关键的铺垫。从孟尝君的角度来看，"视吾家所寡有者"只是一句随口的回答，但对于冯谖来讲是通过一个提问，将自己下一步在薛地"矫命""烧其券"行动的性质从擅自行动转变为奉命行事，获得了行动的合法性基础。在组织内部，基于契约的奉命行动在合法性方面高于基于价值认同的擅自行动，冯谖为行动所带来的负面后果进行了事前免责，降低了"矫命"行为的个人风险，具有非常重要的意义，但动作极其隐蔽，其中妙处，令人赞服。

驱而之薛，使吏召诸民当偿者，悉来合券。券遍合，起，矫命以责赐诸民，因烧其券，民称万岁。

长驱到齐，晨而求见。孟尝君怪其疾也，衣冠而见之，曰："责毕收乎？来何疾也！"曰："收毕矣。""以何市而反？"冯谖曰："君云'视吾家所寡有者'。臣窃计，君宫中积珍宝，狗马实外厩，美人充下陈。君家所寡有者乃义耳！窃以为君市义。"孟尝君曰："市义奈何？"曰："今君有区区之薛，不拊爱子其民，因而贾利之。臣窃矫君命，以责赐诸民，因烧其券，民称万岁。乃臣所以为君市义也。"孟尝君不说，曰："诺，先生休矣！"

冯谖在薛地的一系列行动极其迅速，事情结束之后，冯谖"长驱到齐，晨而求见"，以至让孟尝君都感到诧异，"怪其疾也"。冯谖这样做的目的是确保自己成为对这一事件的"第一解读者"，将解释权牢牢控制在自己手中。传播学"后真相"理论认为，在舆论事件中，并不存在绝对意义的"真相"，只存在不同范本的"解释"，而谁掌握着解释权，谁就更好地掌握着"真相"。冯谖让自己成为第一个解释"版本"的拥有者，是在努力降低其他人借题发挥，以其他方式解释事件的风险。

冯谖对事件的解释过程体现了高超的沟通智慧：首先他重提孟尝君的原话"视吾家所寡有者"，强调了自己行动的合法性依据。然后通过修辞渲染，制造了一个认知反差，他首先渲染了孟尝君在物质上的富有，"君宫中积珍宝，狗马实外厩，美人充下陈。君家所寡有者乃义耳！窃以为君市义"。然后提出一个新概念"市义"，这个概念勾起孟尝君的好奇心。当孟尝君对此发问时，才告知自己"烧其券"的行为。"今君有区区之薛，不拊爱子其民，因而贾利之。臣窃矫君命，以责赐诸民，因烧其券，民称

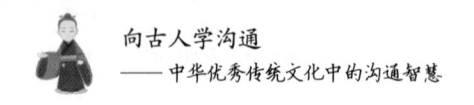

万岁。乃臣所以为君市义也。"在修辞上刻意用"区区之薛"渲染出孟尝君在齐国政治根基的不稳定。通过"物质极度富有"的"阳言"和"政治极度脆弱"的"阴言"之间的反差对比,强调了"市义"的低成本与高价值,这正是《鬼谷子》中捭阖之术的奥妙。接下来,冯谖向孟尝君描述了"民称万岁"的事实结果,努力消除孟尝君的不满情绪。再加上冯谖之前"弹铗而歌"的要待遇行为构成冯谖与孟尝君之间的心理契约,更降低了孟尝君怀疑冯谖在这一过程当中谋私利的风险。最终孟尝君虽然不悦,但也并没有对冯谖采取严厉的责罚措施,只是对他冷落弃用而已。

冯谖"市义"的行为并没有立即显出效果,直到一年之后,齐王猜忌孟尝君,迫使孟尝君回到自己的封地薛邑,冯谖当初"市义"的价值才开始凸显。

孟尝君就国于薛,未至百里,民扶老携幼,迎君道中。孟尝君顾谓冯谖:"先生所为文市义者,乃今日见之。"

有理由相信,百姓扶老携幼迎接孟尝君的活动,可能也经过了冯谖的动员和策划,然而这仅仅是冯谖战略布局的开端。

冯谖曰:"狡兔有三窟,仅得免其死耳。今君有一窟,未得高枕而卧也。请为君复凿二窟。"孟尝君予车五十乘,金五百斤,西游于梁,谓惠王曰:"齐放其大臣孟尝君于诸侯,诸侯先迎之者,富而兵强。"于是梁王虚上位,以故相为上将军,遣使者,黄金千斤,车百乘,往聘孟尝君。冯谖先驱诫孟尝君曰:"千金,重币也;百乘,显使也。齐其闻之矣。"梁使三反,孟尝君固辞不往也。齐王闻之,君臣恐惧,遣太傅赍黄金千斤,文车二驷,服剑一,封书谢孟尝君曰:"寡人不祥,被于宗庙之祟,沉于谄谀之臣,开罪于君,寡人不足为也。愿君顾先王之宗庙,姑反国统万人乎?"冯谖诫孟尝君曰:"愿请先王之祭器,立宗庙于薛。"庙成,冯谖抓住时机献上"复凿二窟"的奇策，超预期地完成孟尝君交付的任务。冯谖先去游说魏国的魏惠王，让魏国用上将军的位置拉拢孟尝君。其目的并不是真的要以魏国作为"第二窟"，而是通过梁使三返向齐王施压。薛地毗邻魏国，孟尝君如果应魏国之邀，薛地的归属权也将随他转移到魏国，而深谙这一点的齐王和群臣基于恐惧心理必然会拉拢孟尝君。但是冯谖清楚这样的拉拢示好仅仅是齐王的权宜之计，还不足以保证孟尝君的安全。于是冯谖建议孟尝君"请先王之祭器，立宗庙于薛"，用"先王宗庙"这一重要的政治资本确保孟尝君及薛地的安全。至此，冯谖的任务才宣告完成。

孟尝君曰："三窟已就，君始高枕为乐矣。"这个故事中，冯谖通过最开始让人诧异的出场方式，最终一步步获得孟尝君的信任与倚重，其中的智慧实在令人折服。

冯谖之所以要在起初降低孟尝君对自己的预期，是为了营造一种"喜出望外"的感觉，我们也可以学习这种"欲扬先抑"的沟通技巧。降低预期还有一种用途，就是表现一种"人畜无害"的姿态，用于消除沟通对象的防备之心。

于是王翦将兵六十万人，始皇自送至灞上。王翦行，请美田宅园池甚众。始皇曰："将军行矣，何忧贫乎？"王翦曰："为大王将，有功终不得封侯，故及大王之向臣，臣亦及时以请园池为子孙业耳。"始皇大笑。王翦既至关，使使还请善田者五辈。或曰："将军之乞贷，亦已甚矣。"王翦曰："不然。夫秦王怛而不信人。今空秦国甲士而专委于我，我不多请田宅为子孙业以自坚，顾令秦王坐而疑我邪？"

——《史记·白起王翦列传》

在古代等级森严的君主专制社会，"功高盖主"是非常危险的处境。《史记》中记载王翦率领六十万大军伐楚，秦始皇亲自到灞上送行。王翦

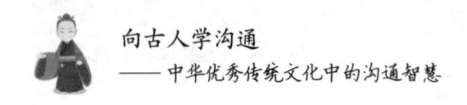

临出发时，请求赐予许多良田、美宅、园林池苑等。秦始皇说："将军尽管上路好了，何必担忧家里日子不好过呢？"王翦说："替大王带兵，即使有功劳也终究难以得到封侯赐爵，所以趁着大王特别器重我的时候，我也得及时请求大王赐予园林池苑来给子孙后代置份家产吧。"秦始皇听了哈哈大笑起来。王翦出发后到了函谷关，又连续五次派使者回朝廷请求赐予良田。有人不解地问道："将军请求赐予家业，也太过分了吧。"王翦说："这么说不对。秦王性情粗暴对人多疑。现在大王把全国的武士调光特地委托给我，我不用多请求赏赐田宅给子孙们置份家产来表示自己出征的坚定意志，竟反而让秦王平白无故地怀疑我吗？"可见，王翦深谙明哲保身之道。唐代的郭子仪历经七朝而不倒，也是借鉴了王翦这种"自污保身"的智慧。

第八章

沟通功能四：拉近关系

谚曰:"有白头如新,倾盖如故。"何则?知与不知也。

——邹阳《狱中上梁王书》

酌酒与君君自宽,人情翻覆似波澜。
白首相知犹按剑,朱门先达笑弹冠。

——王维《酌酒与裴迪》

把握人际关系之难点在于其微妙性和复杂性。由于人与人之间的立场、经验、思维模式存在差异,很容易造成误解。同时人际关系始终面临各种各样偶然因素的考验,再加上很多涉及重大利益的人际关系还面临其他人的恶意中伤,因此即便相处很久的人际关系也仍然存在破裂的风险,王维甚至用"白首相知犹按剑"来形容人际关系的这种脆弱性。然而有些人却能做到"倾盖如故",这就需要良好的沟通以促进了解,拉近关系。

一、飞箝之术——赢取人心的奥秘

审其意,知其所好恶,乃就说其所重,以飞箝之辞,钩其所好,以箝

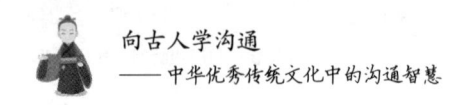

求之。用之于人，则量智能、权材力，料气势，为之枢机。以迎之随之，以箝和之，以意宣之，此飞箝之缀也。

——《鬼谷子·飞箝》

《鬼谷子》中记载了一种名为"飞箝"的沟通技巧，"飞"是指赞扬，"箝"是指控制。"飞箝"之术可以理解为把握沟通对象的心理特征，迎合其心理需求，以便拉近双方的心理距离，推动关系升温的手段。

对沟通对象的深刻洞察是运用飞箝之术的前提。《史记》中就记载了这样一个有趣的故事。

公孙鞅闻秦孝公下令国中求贤者，将修缪公之业，东复侵地，乃遂西入秦，因孝公宠臣景监以求见孝公。孝公既见卫鞅，语事良久，孝公时时睡，弗听。罢而孝公怒景监曰："子之客妄人耳，安足用邪！"景监以让卫鞅。卫鞅曰："吾说公以帝道，其志不开悟矣。"后五日，复求见鞅。鞅复见孝公，益愈，然而未中旨。罢而孝公复让景监，景监亦让鞅。鞅曰："吾说公以王道而未入也。请复见鞅。"鞅复见孝公，孝公善之而未用也。罢而去。孝公谓景监曰："汝客善，可与语矣。"鞅曰："吾说公以霸道，其意欲用之矣。诚复见我，我知之矣。"卫鞅复见孝公。公与语，不自知膝之前于席也。语数日不厌。景监曰："子何以中吾君？吾君之欢甚也。"鞅曰："吾说君以帝王之道比三代，而君曰：'久远，吾不能待。且贤君者，各及其身显名天下，安能邑邑待数十百年以成帝王乎？'故吾以强国之术说君，君大说之耳。然亦难以比德于殷周矣。"

——《史记·商君列传》

公孙鞅（也叫卫鞅，就是后来的商鞅）听说秦孝公在国中下令寻求有才能的人，准备重建秦缪公时代的霸业，要向东收复被魏国侵占的土地，他就西行进入秦国，通过秦孝公的宠臣景监求见孝公。秦孝公立即召见卫鞅，两人聊了很久，可是孝公一边听一边打瞌睡，一点也没有听进去。谈完后秦孝公对景监发怒，说："你的那位客人只是一个无知狂妄的人而已，这种人哪里配被任用！"景监把这些话转述给卫鞅，卫鞅说："我是在用尧、舜等五帝的治国之道来劝说大王，可是他的心志不能领会啊。"以后第五天，景监请求孝公再次召见卫鞅。卫鞅再次觐见秦孝公，所说的治国之道比前一次更多，然而还是不合秦孝公的心意。谈完后秦孝公又责备景监，景监也责备卫鞅。卫鞅说："我用夏商周的三王之道劝说大王，但他听不进去。务必请您再次为我和大王安排一次会面。"这一次卫鞅觐见秦孝公，孝公对卫鞅态度很好，却仍然没有任用他。不过当卫鞅离去之后，孝公对景监说："你的那位客人不错，我可以再和他谈谈。"景监告诉卫鞅，卫鞅说："我用春秋五霸的治国方法去劝说大王，看他的心思是准备采纳了。如果再召见我，我就知道该说些什么了。"于是卫鞅果然再次见到了秦孝公，孝公与他谈得非常投机，膝盖不知不觉地在垫席上往前挪动，连续谈了好几天也没有满足。景监对卫鞅说："您依据什么掌握了大王的心意？我们国君非常高兴。"卫鞅回答说："我用帝王之道创建了夏、商、周那样的盛世来劝说国君，可是大王说：'时间太长了，我无法等待。况且贤能的君主，谁不希望自己在位的时候就能名扬天下，哪里能默默无闻地等上几十年、几百年来成就帝王大业呢？'所以，我就用强国之术来劝说他，他才大为高兴。但是，这样就难以与殷、周的德治相媲美了。"

商鞅向秦孝公献上"帝道""王道"，是站在秦国的国家利益考虑，但没有从秦孝公的立场考虑。"帝道""王道"虽然能够成就千秋百代的大业，但在秦孝公的有生之年看不到成效。秦孝公追求的是回报周期更短的国策，最好能实现立竿见影的效果。所以商鞅用法家色彩浓重的"强国之术"来劝说秦孝公，也就是我们熟悉的"商鞅变法"，但"一边倒"地使用严刑峻法的后果就是导致"天下苦秦久矣"，秦国统一天下之后，二世而亡。

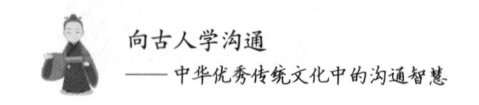

商鞅在"面试失败"之后，通过景监一而再、再而三地获得面见秦孝公的机会，通过不断试探终于确定了秦孝公的需求，然后用"霸道"和"强国之术"获得了秦孝公的赏识，这就是《鬼谷子》中所说的"为之枢机。以迎之随之，以箝和之，以意宣之"。

然而很多时候，我们都不像商鞅一样拥有再三补救的机会，这就需要我们预先分析沟通对象的客观条件和主观心理，也就是《鬼谷子·揣篇》中讲的"量权揣情"，在第十章中我们会详细讲这个策略。在此我们可以看《史记》中另一则发生在秦国的故事。

于是范雎乃得见于离宫，详为不知永巷而入其中。王来而宦者怒，逐之，曰："王至！"范雎缪为曰："秦安得王？秦独有太后、穰侯耳。"欲以感怒昭王。昭王至，闻其与宦者争言，遂延迎，谢曰："寡人宜以身受命久矣，会义渠之事急，寡人旦暮自请太后；今义渠之事已，寡人乃得受命。窃闵然不敏，敬执宾主之礼。"

——《史记·范雎蔡泽列传》

这个故事的背景是秦昭王时期，宣太后和其弟魏冉（也就是穰侯）掌握大权，秦昭王虽有亲政之名，但总受到太后和穰侯的掣肘。魏国人范雎受到秦王召见，故意假装不认得路，要往后宫里面闯。宫里的宦官怒斥他说："大王要来了！"范雎则故意说："秦国哪里有大王，秦国只有太后和穰侯而已。"以此来触动秦昭王。果然秦昭王听到这句话之后，对范雎尊敬有加。这是因为范雎通过预先了解秦国的国情，推测出秦昭王最大的心病是太后、穰侯揽权，因此通过这种方式故意试探秦昭王的态度，接下来再献上计策帮助秦昭王收回权力。

飞箝之术关键讲的是"审其意，知其所好恶"，然后"钩其所好"。除了语言之外，还有很多方式可以实现飞箝之术。我们可以对比《水浒传》第二十三回《横海郡柴进留宾　景阳冈武松打虎》中宋江与武松相识和第三十八回《及时雨会神行太保　黑旋风斗浪里白条》中宋江与李逵相识的场景。

第二十三回中说宋江在柴进家中偶然结识了武松，看到武松身强力壮、威风凛凛，又知道武松唯一的亲人是哥哥武大郎，因此过了数日，便"将出些银两来，与武松做衣裳"，等武松要回老家时，宋江又亲自相送，唤起武松对哥哥的温情。而第三十八回中，宋江在江州通过戴宗结识了李逵，发现李逵是个性情凶暴、贪财任性之人，就先取出十两银子赠予李逵作为赌资，告诉李逵："贤弟但要银子使用，只顾来问我讨。"对李逵各种粗鲁胡闹的举动，宋江往往一笑而过，甚至还送上一句赞扬"真好汉也"，这就让李逵这个常常被正常社会排斥的"另类"获得了归属感。所以宋江日后能将一百零八位好汉汇聚一堂，很大程度上都靠他高超的飞箍之术。

我们可以对比一下柴进的待人之道。从客观上讲，柴进有"铁券丹书"做江湖人士的保护伞，又舍得花费银两，是很多好汉事实上真正的"恩公"。但是，"武松初来投奔柴进时，也一般接纳管待。次后在庄上，但吃醉了酒，性气刚，庄客有些顾管不到处，他便要下拳打他们，因此满庄里庄客没一个道他好。众人只是嫌他，都去柴进面前告诉他许多不是处。柴进虽然不赶他，只是相待得他慢了。"柴进虽然收留武松，但是并未与他有过平等的交往，没有给武松充分的尊重。我们再看《水浒传》第九回《柴进门招天下客　林冲棒打洪教头》，林冲投到柴进府上时，傲慢无礼的洪教头对林冲无端挑衅，甚至在酒桌上提出要和林冲比试一下，柴进的反应竟然是大笑道："也好，也好。林武师你心下如何？"这样的待客之道显然不能赢得江湖好汉真正的尊重，因此柴进虽然帮助过很多江湖人士，却最终未能成为梁山的重要首领。

无形的尊重有时比有形的财货更能赢得人心，而两者结合在一起，则会实现绝佳的飞箍效果。《史记·刺客列传》中的一则故事就给我们展示了这种飞箍之术的强大力量。

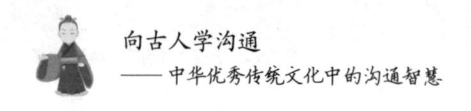

聂政者，轵深井里人也。杀人避仇，与母、姊如齐，以屠为事。

久之，濮阳严仲子事韩哀侯，与韩相侠累有郤。严仲子恐诛，亡去，游求人可以报侠累者。至齐，齐人或言聂政勇敢士也，避仇隐于屠者之间。严仲子至门请，数反，然后具酒自觞聂政母前。酒酣，严仲子奉黄金百溢，前为聂政母寿。聂政惊怪其厚，固谢严仲子。严仲子固进，而聂政谢曰："臣幸有老母，家贫，客游以为狗屠，可以旦夕得甘毳以养亲。亲供养备，不敢当仲子之赐。"严仲子辟人，因为聂政言曰："臣有仇，而行游诸侯众矣；然至齐，窃闻足下义甚高，故进百金者，将用为大人粗粝之费，得以交足下之欢，岂敢以有求望邪！"聂政曰："臣所以降志辱身居市井屠者，徒幸以养老母；老母在，政身未敢以许人也。"严仲子固让，聂政竟不肯受也。然严仲子卒备宾主之礼而去。

久之，聂政母死。既已葬，除服，聂政曰："嗟乎！政乃市井之人，鼓刀以屠；而严仲子乃诸侯之卿相也，不远千里，枉车骑而交臣。臣之所以待之，至浅鲜矣，未有大功可以称者，而严仲子奉百金为亲寿，我虽不受，然是者徒深知政也。夫贤者以感忿睚眦之意而亲信穷僻之人，而政独安得嘿然而已乎！且前日要政，政徒以老母；老母今以天年终，政将为知己者用。"乃遂西至濮阳，见严仲子曰："前日所以不许仲子者，徒以亲在；今不幸而母以天年终。仲子所欲报仇者为谁？请得从事焉！"

——《史记·刺客列传》

聂政是轵县深井里人。他因为杀人躲避仇家追杀，跟母亲、姐姐逃到齐国，以屠宰为职业。很久之后，韩国的忠臣严仲子因与韩国宰相侠累产生了矛盾，闹到在朝廷上动武的程度。严仲子担心侠累杀死自己，便逃离了韩国，周游各国，寻求可以替自己向侠累报仇的人。到了齐国以后，听说聂政是一个勇士，此人为了逃避仇人的追杀，才躲藏在屠夫中间。严仲子到聂家来求见聂政，来回往返几次，之后又准备了酒食，亲自送到聂政母亲面前。酒酣耳热之际，严仲子又拿出一百镒黄金，上前为聂政的母亲祝寿。聂政对这份厚礼感到奇怪，便再三向严仲子辞谢。严仲子却执意要送，聂政辞谢说："我很庆幸我的老母尚在，我们尽管家境贫穷，但是客居在这里，以屠狗为职业，每天也能换得衣食来奉养母亲。现在我有足够的能力供养母亲，所以不敢接受您的赐予。"严仲子令旁人退下，趁机对聂政说："我有仇要报，因而遍游众多的诸侯国；然而来到齐国之后，私下听说您是个非常讲义气的人，所以进献百金，以此作为给您母亲买些粗粮的费用，并以此来讨得朋友的欢心，怎么还敢有别的请求呢？"聂政说："我之所以降低自己的志向，委屈自己，在市井里做一个普通的屠夫，只是想能够通过这种方法来奉养母亲。老母尚在人世，我聂政是不敢用自己的性命来答应为他人献身的。"严仲子再三谦让，聂政始终不肯接受。不过，最后严仲子还是尽完宾主之仪才离开。

很久之后，聂政的母亲去世了。聂政安葬完母亲，脱掉丧服，说道："唉！我只是一个市井上的普通百姓，手拿着刀来屠宰牲畜罢了；而严仲子身为诸侯国的卿相，竟然不远千里，降低自己的身份屈驾前来与我结交。而我用来对待他的情义实在是太浅薄了，我没有什么值得称赞的大功，可是严仲子却给我的母亲奉上百金作为寿礼，我尽管没有接受，但是这足以说明他十分清楚我的为人。像他这样一个贤明圣德的人，因为自己心中的仇恨，而亲近信任我这样一个家境贫寒居住在偏僻之地的人，我怎么能独自心安理得地默不作声，将这件事就这样算了呢！何况他之前邀请我，我只是因为老母健在才辞谢；如今母亲已经寿终正寝了，我应当为了解自己的人去效力了。"于是，聂政向西出发来到濮阳，见到严仲子说："从前我没有答应仲子先生的原因，是母亲健在；如今老母不幸已经过世，仲子想要向谁寻仇？就请允许我替您处理这件事情吧。"现代人可能很不理解聂政为什么要替严仲子卖命，可是我们把这件事结合古人的价值观来看，一个古代平民生活中最重要的东西无非就是金钱、地位和道义，严仲子不仅给聂政金钱，还放下贵族身份礼敬聂政，更重要的是能够一直等到聂政母亲去世，因此可以说是全方位地满足了聂政的心理需求和社会需

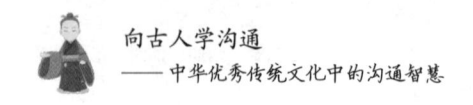

求。我们可以参考《史记·刺客列传》中另一名刺客豫让所说的话："臣事范、中行氏，范、中行氏皆众人遇我，我故众人报之。至于智伯，国士遇我，我故国士报之。"正是这种以"国士"相待的知遇之恩让豫让、聂政这样的人为智伯、严仲子这样的人赴死，这些故事对我们今天如何对待人才也有重要的启示。

中山君飨都士大夫，司马子期在焉。羊羹不遍，司马子期怒而走于楚，说楚王伐中山。中山君亡，有二人挈戈而随其后者，中山君顾谓二人："子奚为者也？"二人对曰："臣有父，尝饿且死，君下壶飧饵之。臣父且死，曰：'中山有事，汝必死之。'故来死君也。"中山君喟然而仰叹曰："与不期众少，其于当厄；怨不期深浅，其于伤心。吾以一杯羊羹亡国，以一壶飧得士二人。"

——《战国策·中山策》

这一策说的是中山君设宴招待都邑的士大夫，司马子期也在被宴请之列。分羊羹时没有分到他，他一怒之下就投奔了楚国，说服楚国攻打中山，中山君被迫逃亡。有两个人提着戈一直跟在中山君身后，中山君回过头去问他们："你们两个人是干什么的？"那两个人回答说："我们的父亲有一次快要饿死了，是您送给他一壶饭吃。我父亲临死前叮嘱说：'中山国如果有变故，你们一定要以死报效国家！'所以我们特地来为您效死。"这个"以一杯羊羹亡国，以一壶飧得士二人"的故事蕴含的智慧就是中山君感叹的"与不期众少，其于当厄；怨不期深浅，其于伤心"。我们既要注意在别人危难之际"雪中送炭"，为他人解困纾难，也要避免因为一些不必要的小事寒了别人的心。在他人困顿之际施以援手，可能会收到意想不到的回报。

濮阳人吕不韦贾于邯郸，见秦质子异人，归而谓父曰："耕田之利几倍？"曰："十倍。""珠玉之赢几倍？"曰："百倍。""立国家之主赢几倍？"

曰："无数。"曰："今力田疾作，不得暖衣余食；今建国立君，泽可以遗世。愿往事之。"

秦之异人质于赵，处于聊城。故往说之曰："子傒有承国之业，又有母在中。今子无母于中，外托于不可知之国，一日倍约，身为粪土。今子听吾计事，求归，可以有秦国。吾为子使秦，必来请子。"

乃说秦王后弟阳泉君曰："君之罪至死，君知之乎？君之门下无不居高尊位，太子门下无贵者。君之府藏珍珠宝玉，君之骏马盈外厩，美女充后庭。王之春秋高，一日山陵崩，太子用事，君危于累卵，而不寿于朝生。说有可以一切而使君富贵千万岁，其宁于太山四维，必无危亡之患矣。"阳泉君避席，请闻其说。不韦曰："王年高矣，王后无子，子傒有承国之业，士仓又辅之。王一日山陵崩，子傒立，士仓用事，王后之门，必生蓬蒿。子异人贤材也，弃在于赵，无母于内，引领西望，而愿一得归。王后诚请而立之，是子异人无国而有国，王后无子而有子也。"阳泉君曰："然。"入说王后，王后乃请赵而归之。

赵未之遣，不韦说赵曰："子异人，秦之宠子也，无母于中，王后欲取而子之。使秦而欲屠赵，不顾一子而留计，是抱空质也。若使子异人归而得立，赵厚送遣之，是不敢倍德畔施，是自为德讲。秦王老矣，一日晏驾，虽有子异人，不足以结秦。"赵乃遣之。

异人至，不韦使楚服而见。王后悦其状，高其知，曰："吾楚人也。"而自子之，乃变其名曰楚。王使子诵，子曰："少弃捐在外，尝无师傅所教学，不习于诵。"王罢之，乃留止。间曰："陛下尝轫车于赵矣，赵之豪杰，得知名者不少。今大王反国，皆西面而望。大王无一介之使以存之，臣恐其皆有怨心。使边境早闭晚开。"王以为然，奇其计。王后劝立之。王乃召相，令之曰："寡人子莫若楚。"立以为太子。

子楚立，以不韦为相，号曰文信侯，食蓝田十二县。王后为华阳太后，诸侯皆致秦邑。

——《战国策·秦策五》

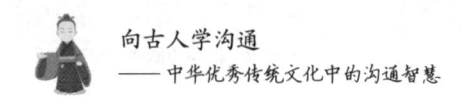

飞箝之术非常讲究时机,"雪中送炭"远远胜过"锦上添花",如果能在对方处于逆境中的时候施以援手,那么将会极大地促进双方关系的发展。吕不韦所说的"奇货可居",指的就是这个效应。吕不韦将落魄的秦国质子异人带回秦国,通过一系列高超的政治手段扶植其成为秦庄襄王,自己则被拜为相国,封文信侯,食邑蓝田十二县。因此明人王世贞评价吕不韦:"自古至今以术取富贵秉权势者,毋如吕不韦之秽且卑,然亦无有如不韦之巧者也。"

二、以物代言——非语言沟通方式有时更有效

折花逢驿使,寄与陇头人。

江南无所有,聊赠一枝春。

——陆凯《赠范晔诗》

第八章 沟通功能四：拉近关系

现代传播学大师马歇尔·麦克卢汉有一个著名的理论"媒介即讯息"。他认为一条信息采取何种传播手段本身就传递着重要的信息。为什么会这样呢？马歇尔·麦克卢汉从媒介占用的"感官比例"角度解释了这个观点。他认为，不同的媒介调动的人的感觉器官不同，或者占用感觉器官的比例不同，因此传播效果也不同。我们可以对比口语和文字两种媒介，口语侧重于听觉，文字则重视视觉。口语与文字相比生动性更强，而严谨性不足，同时文字可以表达更为隐晦和内敛的思想感情。我一直觉得中华文化内敛含蓄的审美格调，可能和汉字普及较早有关。比如南朝的诗人陆凯看到梅花开放，不由得思念起远在陇头（今天陕西陇县一带）的好友范晔，于是折下一枝梅花，并附上一首小诗寄给好友，希望把江南早春的气息分享给他。而这梅花也象征着好友高洁的品格和两人深厚的友谊，短短二十字、一枝梅花，看似什么都没说，又似道尽千言万语。千年之后，仍令读者动容。

以物代言还可以勾起人的关键回忆，通过"怀念"冰释前嫌，这就是所谓的"信物"。

秦武王三年，谓甘茂曰："寡人欲容车通三川，以窥周室，而寡人死不朽矣。"甘茂曰："请之魏，约以伐韩，而令向寿辅行。"甘茂至，谓向寿曰："子归，言之于王曰'魏听臣矣，然愿王勿伐'。事成，尽以为子功。"向寿归，以告王，王迎甘茂于息壤。甘茂至，王问其故。对曰："宜阳，大县也，上党、南阳积之久矣。名曰县，其实郡也。今王倍数险，行千里攻之，难。昔曾参之处费，鲁人有与曾参同姓名者杀人，人告其母曰'曾参杀人'，其母织自若也。顷之，一人又告之曰'曾参杀人'，其母尚织自若也。顷又一人告之曰'曾参杀人'，其母投杼下机，逾墙而走。夫以曾参之贤与其母信之也，三人疑之，其母惧焉。今臣之贤不若曾参，王之信臣又不如曾参之母信曾参也，疑臣者非特三人，臣恐大王之投杼也。始张仪西并巴蜀之地，北开西河之外，南取上庸，天下不以多张子而以贤先王。魏文侯令乐羊将而攻中山，三年而拔之。乐羊返而论功，文侯示之谤书一箧。乐羊再拜稽首曰：'此非臣之功也，主君之力也。'今臣，羁旅之臣也。樗里子、公孙奭二人者挟韩而议之，王必听之，是王欺魏王而臣受公仲侈之怨也。"王曰："寡人不听也，请与子盟。"卒使丞相甘茂将兵伐宜阳。五月而不拔，樗里子、公孙奭果争之。武王召甘茂，欲罢兵。甘茂曰："息壤在彼。"王曰："有之。"因大悉起兵，使甘茂击之。斩首六万，遂拔宜阳。韩襄王使公仲侈入谢，与秦平。

——《史记·樗里子甘茂列传》

　　这个故事讲的是楚国人甘茂到秦国"求职"，秦武王对甘茂说："我想出兵向东进攻三川，取周室而代之，你如果能为我实现这一夙愿，我将至死不忘。"要实现这个目标，就必须攻下韩国的要塞"宜阳"，这是秦国向东扩张的必经之路，易守难攻。用甘茂的话来说："要进兵三川，必须先攻下宜阳，宜阳是韩国的大县，是上党和南阳两部间的贸易要道，长期以来，在宜阳积聚了两地的人力和财物，它名义是县，实际上相当于一个郡。现在大王的军队要经过重重险阻，跋涉千里去攻打宜阳，实在太难了啊！"

　　甘茂担忧的不仅仅是战场上的失利，真正让他担心的是长期领兵在外，会引起国君的猜忌。所以甘茂给秦武王提前打预防针："我听说，张仪西并巴、蜀，北取西河，南占上庸，诸侯并不因此就赞扬张仪的能耐，而是称颂先王（秦惠王）的贤明。魏文侯派乐羊进攻中山，三年之后灭掉了中山国。乐羊返回魏国，还没来得及称道自己的战功，魏文侯就拿出整整一箱群臣诽谤乐羊的书信给他看，乐羊惶恐地说：'攻下中山国不是我的功劳，完全是主君的功劳啊！'如今我是寄居在秦国的人，樗里疾、公孙奭二人一定会趁战事胶着之际，争议我攻打韩国的得失，大王那个时候一定会听从他们的话而撤兵。如果这样，大王就欺骗了盟国魏国，而我也会白白招致韩国相国公仲侈的怨恨。"

第八章 沟通功能四：拉近关系

甘茂给秦王讲了一个"曾参杀人"的故事，我们在前文曾经讲过这个故事。秦武王听完故事之后坚定地说："我不听信别人的议论，让我们订立盟约吧！"于是秦武王和甘茂在息壤订立盟约，"息壤"成了见证秦武王和甘茂之间盟约的"信物"。

后来甘茂攻打宜阳，过了五个月还不能取胜，于是樗里疾和公孙奭二人果然趁此机会在武王面前进甘茂的谗言，秦武王几乎都要听信了，因而召甘茂回国，打算罢兵不打了。甘茂说："大王，息壤！您还记得息壤那地方吧！"武王不得不说："确实有这回事。"只好坚定信心，调动秦国的全部兵力，全力支持甘茂继续作战，终于攻下了宜阳。在这个故事中，甘茂通过"息壤"代替自己的辩白，最终获得了秦武王的信任。

在生活中有很多东西不适合当面表达，因此书信成为非常有效的沟通手段。书信的一项重要功能就是澄清误解，避免当面争执。

初，成王少时，病，周公乃自揃其蚤沈之河，以祝于神曰："王少未有识，奸神命者乃旦也。"亦藏其策于府。成王病有瘳。及成王用事，人或谮周公，周公奔楚。成王发府，见周公祷书，乃泣，反周公。

——《史记·鲁周公世家》

我们之前提到"周公恐惧流言日"，周公甚至一度因为诽谤而逃到楚地。直到成王打开府库，看到了周公当年祷告的册文，被感动得哭了，才立刻请回周公。那么祷告的册文记载了什么呢？原来当年成王年少时有一次患病，周公剪下自己的指甲扔到河中，向河神祷告说："王年幼不懂事，冒犯神灵的是我。"府库中的册文就是关于这件事的。

惟尔元孙某遘厉虐疾。若尔三王是有丕子之责于天，以旦代某之身。予仁若考，能多材多艺，能事鬼神。乃元孙不若旦多材多艺，不能事鬼神。

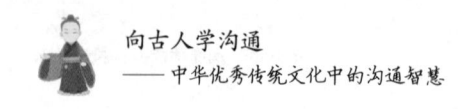

乃命于帝庭，敷佑四方，用能定尔子孙于下地，四方之民罔不祗畏。呜呼！无坠天之降宝命，我先王亦永有依归。

今我即命于元龟。尔之许我，我其以璧与珪，归俟尔命。尔不许我，我乃屏璧与珪。

——《尚书·金縢》

周公这样做并不是第一次，早在武王灭殷的第二年，武王身患重病，身体不适，大臣们都很担心，太公、召公虔诚地进行占卜。周公说："这还不足以感动我们的先王。"周公于是以自己的身体做抵押，筑起了三个祭坛，周公面北而立，陈设好了璧，捧着圭，祝告太王、王季、文王三位先祖。祝史代为高诵祷文道："你们的子孙周王姬发，辛劳成疾。如果是你们三王在天需要他来扶持，那么请用我来替代他。我行事灵巧，多才多艺，能够敬奉鬼神。你们的姬发不如我多才多艺，不能侍奉好鬼神。你们在天庭受命，保佑天下四方，因此能让你们在人间的子孙安定。四方的民众无不敬畏。只要不让上天降下的大命中途废弃，我们先王的神灵也永远有归依的地方。现在我要在大龟上接受你们的命令。你们如果同意我的请求，我就将璧与圭献给你们，回去等候你们的命令。如果你们不答应我，那我就要藏起璧和圭。"周公既已命令史官册告太王、王季、文王，自己想替武王姬发而死，随后就在三王的神位前占卜。占卜的人说卦象都很吉利。周公很高兴，打开存放占卜文书的箱子，于是见兆书很吉利。周公进宫向武王道贺："大王不会有什么灾害。我刚刚接受了三王的命令，可以做长远的计划，三王一定是关心记挂我的。"周公将册书封藏在金属制的柜子里，又告诫保管的人不可言说此事。第二天，武王的身体就好了。周公把祈祷的册书放在金縢里，让忠诚经过时间的检验，显得愈加坚定。

朕初疾但下痢耳，后转杂他病，殆不自济。人五十不称夭，年已六十有余，何所复恨，不复自伤，但以卿兄弟为念。射君到，说丞相叹卿智量甚大，增修过於所望，审能如此，吾复何忧！勉之，勉之！勿以恶小而为之，勿以善小而不为。惟贤惟德，能服於人。汝父德薄，勿效之。可读汉书、礼记，间暇历观诸子及六韬、商君书，益人意智。闻丞相为写申、韩、管子、六韬一通已毕，未送，道亡，可自更求闻达。

——《三国志·蜀书二》

由于文字可以穿越时空，因此书信还可以传递更为隽永的思想。比如"白帝城托孤"时，刘备专门给后主刘禅写了著名的遗诏。在这篇遗诏中，刘备先是详细讲了自己的死因：我最初只是得了一点痢疾而已，后来转而得了其他的病，恐怕难以挽救自己了。五十岁死的人不能称为夭折，我已经六十多了，又有什么可遗憾的呢？因为刘备在白帝城病逝，而蜀汉的朝廷在成都，因此刘备写这一段的目的是让朝中众臣不要有其他猜测，不要借此引起内乱。

接下来刘备写道："射援先生来了，说丞相（诸葛亮）惊叹你的智慧和气量，有很大的进步，远比他所期望的要好，要真是这样，我又有什么可忧虑的啊！"这一段表面上看是鼓励刘禅，但结合之前我们讲的刘备托孤时对诸葛亮所言，可以推测刘备的真实意图是向众臣展示诸葛亮对刘禅的忠心和赏识。

接下来刘备提出对刘禅众兄弟的殷切嘱托，这就是千古名句："勿以恶小而为之，勿以善小而不为。惟贤惟德，能服于人。"这句话通过文字的方式，不仅穿越了白帝城与成都的距离，也穿越了一千多年的时光，对当代青年人仍然有诫训的效果。

最后刘备谈到了读书的事情，给刘禅开出了一份"必读书单"，我们仔细分析这份书单，其中也大有玄机。《汉书》讲的是汉代的历史，刘备奉汉室正朔，让刘禅读《汉书》有不忘本的意思。《礼记》则是古人修身立德的重要书目，而且其中有君臣之礼，其实是告诫蜀汉群臣务必对刘禅恪守君主之礼。接下来推荐的《六韬》《商君书》《申》《韩》《管子》都是

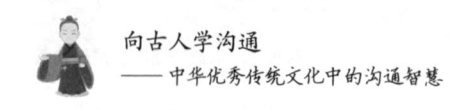

治国之道，而其中《商君书》《申》《韩》为法家代表作，这与诸葛亮的政治路线相合，也表明刘备对诸葛亮的信任与期望。寥寥数百字，足可见玄德用心之苦！

    瑜邀孔明入帐共饮。瑜曰："昨吾主遣使来催督进军，瑜未有奇计，愿先生教我。"孔明曰："亮乃碌碌庸才，安有妙计？"瑜曰："某昨观曹操水寨，极是严整有法，非等闲可攻。思得一计，不知可否。先生幸为我一决之。"孔明曰："都督且休言。各自写于手内，看同也不同。"瑜大喜，教取笔砚来，先自暗写了，却送与孔明；孔明亦暗写了。两个移近坐榻，各出掌中之字，互相观看，皆大笑。原来周瑜掌中字，乃一"火"字；孔明掌中，亦一"火"字。瑜曰："既我两人所见相同，更无疑矣。幸勿漏泄。"孔明曰："两家公事，岂有漏泄之理。吾料曹操虽两番经我这条计，然必不为备。今都督尽行之可也。"饮罢分散，诸将皆不知其事。

——《三国演义·第四十六回 用奇谋孔明借箭　献密计黄盖受刑》

    《三国演义》的这个故事非常值得品味：赤壁之战前夕，周瑜邀请诸葛亮赴宴，在宴饮之间向诸葛亮请教抗曹计策。诸葛亮先是推辞，于是周瑜便要说出自己的计策，可诸葛亮却在这时提出了一个奇怪的建议——两个人分别将自己的计策写在掌心然后一齐亮出。为什么诸葛亮要提出这样奇怪的交流方式呢？这就必须结合故事的背景才能理解。

    这个故事正好发生在"草船借箭"之后，而周瑜之所以要让诸葛亮立下造箭的军令状，是因为对他的才能有了嫉妒之心。诸葛亮虽然通过"草船借箭"妙计成功解决了周瑜的"军令状陷阱"，但为了抗曹大计，必须在一定程度上缓解周瑜对自己的敌意。所以当周瑜问起抗曹妙计的时候，诸葛亮选择推辞，避免在周瑜面前炫耀才智，但如果对周瑜提出的计策品头论足，也很容易招致杀机。于是诸葛亮选择让二人各自把计策写在手心同时亮明的方式，用二人的默契来唤起周瑜"惺惺相惜"的感觉，最大限度减少周瑜心中的敌意，让孙刘联盟更加坚不可摧。虽然这段故事是罗贯中虚构的，但正是这种虚构，体现出作者在人情世故上的成熟老练。

三、察短却语——敢于做直言的"诤友"

> 却语者，察伺短也。故言多必有数短之处，识其短，验之。动以忌讳，示以时禁。其人恐畏，然后结信，以安其心。
>
> ——《鬼谷子·中经》

《鬼谷子》中讲到了一种名为"却语"的沟通技巧，指的是通过指出别人的缺点和短处来拉近双方关系。这就需要对他人的问题和缺点进行充分了解和分析，然后劝诫对方这些问题和缺点可能带来什么后果，以此来推动双方关系的发展。孔子说："益者三友，损者三友。友直，友谅，友多闻，益矣。友便辟，友善柔，友便佞，损矣。"孔子认为人应当重视身边那些能够指出自己问题的"诤友"。因此我们应该摒弃做"好好先生"的思想，敢于指出他人的问题，并以此作为增进感情的契机。

> 始，岱亲近吴郡徐原，慷慨有才志，岱知其可成，赐巾褠，与共言论，后遂荐拔，官至侍御史。原性忠壮，好直言，岱时有得失，原辄谏诤，又公论之，人或以告岱，岱叹曰："是我所以贵德渊者也。"及原死，岱哭之甚哀，曰："德渊，吕岱之益友，今不幸，岱复於何闻过？"谈者美之。
>
> ——《三国志·吴书十五》

《三国志》中的这个故事说的是三国时的吴国名臣吕岱与吴郡人徐原（字德渊）。徐原性格慷慨且有才志，吕岱知道他能成大器，便赠给他衣物，时常与他谈论时事，后来自己做官了便举荐选拔徐原，徐原的官一直做到侍御史。徐原秉性忠直慷慨，喜欢直言，徐原看到吕岱平时的过失会

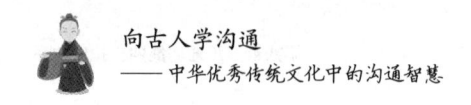

当即谏劝，还会在众人面前公开议论这些事。有人将这些情况告诉吕岱。吕岱赞叹地说："这就是我看重德渊的原因。"等到徐原去世，吕岱极为痛苦悲哀，说："德渊是我吕岱的益友，如今不幸归西，我该再从何处听到责备我过失的言语呢？"人们谈到这件事都赞美他们的友情。在这个故事中我们应当称赞徐原的诤直，但更要看到吕岱的雅量。尤其是对于领导者来说，这种雅量就显得更为重要了。

之前我们讲过裴楷对晋武帝阿谀奉承的故事，这里我们再讲发生在同一时期的另一个故事。

> 帝尝南郊，礼毕，喟然问毅曰："卿以朕方汉何帝也？"对曰："可方桓灵。"帝曰："吾虽德不及古人，犹克己为政。又平吴会，混一天下。方之桓灵，其已甚乎！"对曰："桓灵卖官，钱入官库；陛下卖官，钱入私门。以此言之，殆不如也。"帝大笑曰："桓灵之世，不闻此言。今有直臣，故不同也。"
>
> ——《晋书·刘毅传》

这个故事说的是晋武帝问刘毅："你觉得我和历史上的哪位君王可以相比？"刘毅回答："和东汉末年的桓帝、灵帝差不多吧！"晋武帝大惊："我的功德即便比不了上古的圣贤之君，但起码也注意克己。而且我还灭掉吴国，统一了天下。结果你把我比作汉桓帝、汉灵帝，是不是有点过分了？"刘毅回答说："汉桓帝、汉灵帝那个时候卖官的钱起码还进了国家的府库，而陛下您卖官的钱全都进了您的私门。这么说的话，您还比不上汉桓帝、汉灵帝呢！"晋武帝只好尴尬地替自己解围："汉桓帝、汉灵帝那个时候可听不到这样的话！现在我有你这样的直臣，可见怎么也比他们强得多吧！"晋朝果然在晋武帝之后就陷入混乱。究其原因，或许不是因为占卜时没有抽到"一"，而是因为裴楷这样的阿谀奉承之臣太多，刘毅这样的直言敢谏之臣太少吧！

第八章 沟通功能四：拉近关系

秦昭王谓左右曰："今日韩、魏，孰与始强？"对曰："弗如也。"王曰："今之如耳、魏齐，孰与孟尝、芒卯之贤？"对曰："弗如也。"王曰："以孟尝、芒卯之贤，帅强韩、魏之兵以伐秦，犹无奈寡人何也！今以无能之如耳、魏齐，帅弱韩、魏以攻秦，其无奈寡人何，亦明矣！"左右皆曰："甚然。"

中期推琴对曰："王之料天下过矣。昔者六晋之时，智氏最强，灭破范、中行，帅韩、魏以围赵襄子于晋阳。决晋水以灌晋阳，城不沈者三板耳。智伯出行水，韩康子御，魏桓子骖乘。智伯曰：'始，吾不知水之可亡人之国也，乃今知之。汾水利以灌安邑，绛水利以灌平阳。'魏桓子肘韩康子，康子履魏桓子，蹑其踵。肘足接于车上，而智氏分矣。身死国亡，为天下笑。今秦之强，不能过智伯；韩、魏虽弱，尚贤在晋阳之下也。此乃方其用肘足时也，愿王之勿易也。"

——《战国策·秦策四》

这是秦国的辩士中期劝谏秦昭王的故事。秦昭王志得意满地询问左右近臣："诸位看如今韩、魏两国与昔年相比如何？"左右侍臣答道："现在不如当初。"昭王又问："如今的韩臣如耳、魏臣魏齐，论才干能与当年的田文、芒卯相比吗？"左右说："根本比不上。"于是昭王言道："想当初，田文与芒卯率领强大的韩魏联军前来攻打秦国，寡人仍安然不动，视若无物，如今换了无能的如耳、魏齐为统帅，率领疲弱之兵，又能奈我何！"神色之间颇为自负。左右都附和说："大王所言极是！"

这时乐师中期推开面前的琴说："大王对天下局势的判断是错的！当年晋国六个卿相（韩氏、赵氏、魏氏、范氏、中行氏、智氏）并存的时代，以智氏最强大，智氏灭了范氏、中行氏，并且率领韩、魏联军，把赵襄子围困在晋阳，决开晋水来淹晋阳，仅仅差三板（古代计量长度的单位，大约六尺左右）就灌过城墙。当智伯坐战车出去巡视水势时，由韩康子给他拉马，由魏桓子陪他坐车。这时智伯说：'当初我不知道水可以灭

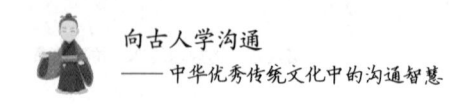

亡一个国家，现在我终于知道了。魏都安邑有汾水可以决堤，而韩都平阳附近有绛水可挖。'听到这话，魏桓子就悄悄用胳膊碰韩康子，而韩康子则悄悄踩魏桓子的脚。就是这看似不起眼的碰胳膊踩脚等小动作，后来导致智伯身死国亡，被天下人耻笑。现在秦国的强盛还没有超过当年的智伯，韩、魏虽然衰弱，却仍然胜过当年赵襄子被围困在晋阳的时候。所以当下的天下局势和当年韩、魏碰肘撞足的时候何其相似，但愿君王不要大意。"

关于智伯得意忘形的故事我们之前已经讲过，中期这种行为被称为"唱反调"或者"泼冷水"，显然是非常不合时宜的，但恰恰是这种"不合时宜"的表现才让中期有别于其他随声附和的"左右"，从而尽到"诤臣"的职责。中期的这种困境是封建社会为臣者的常见困扰，《韩非子》的《难言》篇中就说："故度量虽正，未必听也；义理虽全，未必用也。大王若以此不信，则小者以为毁誉诽谤，大者患祸灾害死亡及其身。"那么中期的命运如何呢？《战国策》的另一则故事中有所交代。

秦王与中期争论，不胜。秦王大怒，中期徐行而去。或为中期说秦王曰："悍人也。中期适遇明君故也，向者遇桀、纣，必杀之矣。"秦王因不罪。

——《战国策·秦策五》

秦昭王与大臣中期争论，结果昭王理屈词穷，不由勃然大怒，中期却不卑不亢，从容不迫地离开了。有人替中期向昭王分辩道："中期可真是个直言无忌的人，他幸亏碰到贤明的君主，假设生在夏桀、商纣之世，早就被杀了。"秦王一听，怒气顿消，竟然没有怪罪中期。由此可见，直言敢谏也需要有良好的沟通技巧和环境作为保障。通常来讲，在使用"却语"之术之前必须对沟通对象有充分的了解，这样才能一语中的，让对方从不悦到逐渐接纳。一些沟通高手甚至会刻意制造不良印象来引起沟通对象的注意，为自己创造难得的沟通机遇。

蔡泽见逐于赵，而入韩、魏，遇夺釜鬲于涂。闻应侯任郑安平、王稽皆负重罪，应侯内惭，乃西入秦。将见昭王，使人宣言以感怒应侯曰："燕客蔡泽，天下骏雄弘辩之士也。彼一见秦王，秦王必相之而夺君位。"

应侯闻之，使人召蔡泽。蔡泽入，则揖应侯，应侯固不快，及见之，又倨。应侯因让之曰："子尝宣言代我相秦，岂有此乎？"对曰："然。"应侯曰："请闻其说。"蔡泽曰："吁！何君见之晚也。夫四时之序，成功者去。夫人生手足坚强，耳目聪明圣知，岂非士之所愿与？"应侯曰："然。"蔡泽曰："质仁秉义，行道施德于天下，天下怀乐敬爱，愿以为君王，岂不辩智之期与？"应侯曰："然。"蔡泽复曰："富贵显荣，成理万物，万物各得其所；生命寿长，终其年而不夭伤；天下继其统，守其业，传之无穷，名实纯粹，泽流千世，称之而毋绝，与天下终。岂非道之符，而圣人所谓吉祥善事与？"应侯曰："然。"蔡泽曰："若秦之商君，楚之吴起，越之大夫种，其卒亦可愿矣。"应侯知蔡泽之欲困己以说，复曰："何为不可？夫公孙鞅事孝公，极身无二，尽公不还私，信赏罚以致治，竭智能，示情素，蒙怨咎，欺旧交，虏魏公子卬，卒为秦禽将，破敌军，攘地千里。吴起事悼王，使私不害公，谗不蔽忠，言不取苟合，行不取苟容，行义不固毁誉，必有伯主强国，不辞祸凶。大夫种事越王，主离困辱，悉忠而不解，主虽亡绝，尽能而不离，多功而不矜，贵富不骄怠。若此三子者，义之至，忠之节也。故君子杀身以成名，义之所在，身虽死，无憾悔，何为不可哉？"蔡泽曰："主圣臣贤，天下之福也；君明臣忠，国之福也；父慈子孝，夫信妇贞，家之福也。故比干忠，不能存殷；子胥知，不能存吴；申生孝，而晋惑乱。是有忠臣孝子，国家灭乱，何也？无明君贤父以听之。故天下以其君父为戮辱，怜其臣子。夫待死而后可以立忠成名，是微子不足仁，孔子不足圣，管仲不足大也。"于是应侯称善。

蔡泽得少间，因曰："商君、吴起、大夫种，其为人臣，尽忠致功，则可愿矣。闳夭事文王，周公辅成王也，岂不亦忠乎？以君臣论之，商君、吴起、大夫种，其可愿孰与闳夭、周公哉？"应侯曰："商君、吴起、大夫种不若也。"蔡泽曰："然则君之主，慈仁任忠，不欺旧故，孰与秦孝公、楚悼王、越王乎？"应侯曰："未知何如也。"蔡泽曰："主固亲忠臣，不过秦孝、越王、楚悼。君之为主，正乱、批患、折难，广地殖谷，富国、足家、强主，威盖海内，功章万里之外，不过商君、吴起、大夫种。而君之禄位贵盛，私家之富过于三子，而身不退，窃为君危之。语曰：'日中则移，月满则亏。'物盛则衰，天之常数也；进退、盈缩、变化，圣人之常道也。昔者，齐桓公九合诸侯，一匡天下，至葵丘之会，有骄矜之色，畔者九国。吴王夫差无适于天下，轻诸侯，凌齐、晋，遂以杀身亡国。夏育、太史启叱呼骇三军，然而身死于庸夫。此皆乘至盛不及道理也。夫商君为孝公平权衡、正度量、调轻重，决裂阡陌，教民耕战，是以兵动而地广，兵休而国富，故秦无敌于天下，立威诸侯。功已成，遂以车裂。楚地持戟百万，白起率数万之师，以与楚战，一战举鄢、郢，再战烧夷陵，南并蜀、汉，又越韩、魏攻强赵，北坑马服，诛屠四十余万之众，流血成川，沸声若雷，使秦业帝。自是之后，赵、楚慑服，不敢攻秦者，白起之势也。身所服者，七十余城。功已成矣，赐死于杜邮。吴起为楚悼罢无能，废无用，损不急之官，塞私门之请，一楚国之俗，南攻杨越，北并陈、蔡，破横散从，使驰说之士无所开其口。功已成矣，卒支解。大夫种为越王垦草创邑，辟地殖谷，率四方士，上下之力，以禽劲吴，成霸功。勾践终棓而杀之。此四子者，成功而不去，祸至于此。此所谓信而不能诎，往而不能反者也。范蠡知之，超然避世，长为陶朱。君独不观博者乎？或欲分大投，或欲分功。此皆君之所明知也。今君相秦，计不下席，谋不出廊庙，坐制诸侯，利施三川，以实宜阳，决羊肠之险，塞太行之口，又斩范、中行之途，栈道千里于蜀、汉，使天下皆畏秦。秦之欲得矣，君之功极矣。此亦秦之分功之时也！如是不退，则商君、白公、吴起、大夫种是也。君何不以此时归相印，让贤者授之，必有伯夷之廉；长为应侯，世世称孤，而有乔、松之寿。孰与以祸终哉！此则君何居焉？"应侯曰："善。"乃延入坐为上客。

后数日，入朝，言于秦昭王曰："客新有从山东来者蔡泽，其人辩士。臣之见人甚众，莫有及者，臣不如也。"秦昭王召见，与语，大说之，拜为客卿。

应侯因谢病，请归相印。昭王强起应侯，应侯遂称笃，因免相。昭王新说蔡泽计画，遂拜为秦相，东收周室。

——《战国策·秦策三》

这一策的故事主人公应侯就是我们之前讲过的范雎，时间是范雎功成名就之后。而故事的另一位主角是当时名不见经传的燕国人蔡泽，但就是这样一个穷困得连锅都被人抢走的蔡泽，却通过一席游说，让范雎拱手让出了秦国的相位，这场沟通堪称奇迹！

蔡泽到了秦国首先就放出豪言"燕国人蔡泽能言善辩，只要让他见到秦王，秦王必然会让他取代范雎的地位！"应侯听说之后，就派人召见蔡泽。蔡泽进来时，只是对应侯拱了拱手，应侯本来就不高兴，见到蔡泽这副倨傲无礼的样子，于是责问他说："你曾扬言说要取代我担任秦相之位，有没有这回事呢？"蔡泽回答说："有。"蔡泽的这一系列反常言行的目的就是我们之前说的吸引注意力。应侯位高权重，蔡泽只有通过这些反常之举才能引起应侯的注意。应侯不悦地说："愿闻其详。"蔡泽说："四季的转移，是遵循'功成身退'的自然法则……一个人活着，手脚健康完善，耳朵听得见，眼睛看得见，没有烦心事，这不是像你我这样的辩知之士所期望的吗？"应侯说："确实。"蔡泽说："例如秦国的商鞅、楚国的吴起、越国的文种，他们的结局算得上如意吗？"应侯知道蔡泽要用辩词使自己陷于窘境，但还是不能一下子就认输，于是"抬杠"地反驳："有什么不行的？刚才您说的这三位都是义行和忠贞的典范。他们虽然牺牲了生命，

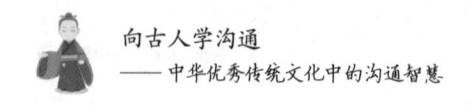

但人生无悔，有什么不好呢？"蔡泽说："君主圣德，大臣贤能，这是天下之福；君主贤明，大臣忠诚，这是国家之福。然而比干忠君爱国却不能使殷朝保存，伍子胥有智慧却不能使吴国保存，申生虽然孝顺但是晋国却发生内乱。像这样虽有忠臣孝子，国家仍然不免灭亡骚乱，这是为什么呢？主要是他们没有被明君、贤父来采纳的缘故。"这一席话真正打动了应侯，他认为蔡泽的话很对。

蔡泽接着说："现在的秦王对臣子的信任并不会超过秦孝公对商鞅、越王勾践对文种、楚悼王对吴起那样。而您辅佐秦王，在平定内乱、消除祸患、排除困难、扩充疆土、发展农业、使国家富裕、使百姓生活充足、强化君主，威权压倒全国，功业扬名万里之外等方面的功绩，也没有超过历史上商鞅、吴起、文种三位名臣。但是阁下的俸禄和地位，以及家中的财富都远远超过他们三人，阁下现在若还是不隐退，那么商鞅、吴起、文种的下场可就离您不远了！您为何不在此时归还相印，把这个位置让给贤能之人？这样您必定可以得到伯夷让国一样的廉名，又可长期保住应侯这个爵位，让子孙后代也能够继承，自己更是无官一身轻，可以活得像仙人王子乔、赤松子一般长寿。这与那种死于非命的结局相比又怎么样呢？"应侯说："说得好。"于是延请蔡泽入座，待以上宾之礼。

过了几天，应侯上朝向秦昭王进言推荐蔡泽。秦昭王召见蔡泽，同他谈话，大为喜悦，授予他客卿之位。应侯趁机托言有病，请求昭王允许他归还相印。秦昭王新近欣赏蔡泽的计谋，于是任命蔡泽为相。

我们初学这一策，可能会诧异于范雎因为蔡泽的一席话而让出相位。实际上我们要了解范雎当时的处境，范雎不是秦国人，在秦国权倾朝野自然会引起较强的敌意，特别是范雎在长平之战后进言害死了名将白起，实际上已经开罪了秦国的权贵阶层（传说白起的祖先是崤之战中的白乙丙，蹇叔之子）。但人哪会轻易放弃对权力的贪恋？所以蔡泽专门举了商鞅和吴起的例子，这些例子并不是单单为了说明"物极必反"的道理，而是为了暗示范雎已经被秦国的权贵阶层仇视，非常可能遭遇这个集团的清算。

范雎不退位的一个重要原因是没有找到合适的继承人，如果将相位移交到秦人手中，范雎必然不得善终，但一时间又找不到合适的人来接替自己，这才是范雎真正的痛点。燕国人蔡泽恰好填补了这个位置，因此蔡泽专门强调"燕客蔡泽"必夺君位。通过一番沟通，蔡泽为范雎描绘了功成身退之后的生活，并获得了范雎的信任，因此才能得到范雎的推荐而继任相位。《史记》上记载："蔡泽相秦数月，人或恶之，惧诛，乃谢病归印，号为纲成君。"足以推断出蔡泽实际上扮演了范雎"软着陆"过程中的"缓冲器"角色。

自天地之合离、终始，必有巇隙，不可不察也。察之以捭阖，能用此道，圣人也。

——《鬼谷子·抵巇》

《鬼谷子》认为世间万事万物都有缺陷和问题，这是无法避免的，但圣人可以做到明察，甚至通过良好的沟通，将问题转化为对自己有利的局面。《左传》中说"人谁无过？过而能改，善莫大焉"，很多领导者都擅长通过公开悔过树立良好的形象，将错误转化为领导力。

殽之役，晋人既归秦帅，秦大夫及左右皆言于秦伯曰："是败也，孟明之罪也，必杀之。"秦伯曰："是孤之罪也。周芮良夫之诗曰：'大风有隧，贪人败类。听言则对，诵言如醉。匪用其良，覆俾我悖。'是贪故也，孤之谓矣。孤实贪以祸夫子，夫子何罪？"复使为政。

——《春秋左传·文公元年》

公曰："嗟！我士，听无哗！予誓告汝群言之首。古人有言曰：'民讫自若是多盘，责人斯无难，惟受责俾如流，是惟艰哉！'我心之忧，日月逾迈，若弗云来。惟古之谋人，则曰未就予忌；惟今之谋人，姑将以为

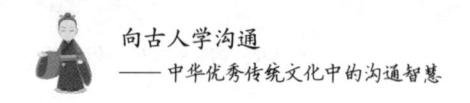

亲。虽则云然，尚猷询兹黄发，则罔所愆。番番良士，旅力既愆，我尚有之。仡仡勇夫，射御不违，我尚不欲。惟截截善谝言，俾君子易辞，我皇多有之。昧昧我思之，如有一介臣，断断猗，无他技，其心休休焉，其如有容。人之有技，若己有之；人之彦圣，其心好之，不啻如自其口出。是能容之，以保我子孙黎民，亦职有利哉！人之有技，冒疾以恶之；人之彦圣而违之，俾不达。是不能容，以不能保我子孙黎民，亦曰殆哉！邦之杌陧，曰由一人。邦之荣怀，亦尚一人之庆。"

——《尚书·秦誓》

春秋时，秦穆公不听百里奚、蹇叔等老臣的劝阻，执意要讨伐郑国，在归师路上被晋国伏击，死伤甚重，这就是著名的"崤之战"。但秦穆公并不是昏庸之辈，他公然表达悔意，这篇悔过演说被载入《尚书》中，名为《秦誓》。秦穆公言辞恳切，首先说出一句古谚语"民讫自若是多盘"，意思是："人要总是自以为是，那就会常犯错误。"然后指出古往今来领导者的共同困境"责备别人不是难事，被别人责备却如流水一样顺从，这就困难啊"，首先明确了错误的性质：秦军的失误不在将军指挥失误，也不在士兵作战不够英勇，而在于君主不听劝阻，盲目冒进。然后秦穆公表达了他的悔恨之感："我心之忧，日月逾迈，若弗云来。"世上没有后悔药，已经铸成的错误无法挽回，这是多么令人忧伤的事情！

接着秦穆公表达了自己对忠臣良将的信任，并说"昧昧我思之，如有一介臣，断断猗，无他技，其心休休焉，其如有容"。秦穆公的这篇演讲情真意切，而且敢于直面自己刚愎自用的问题，又提出了对"介臣"的期盼，并提出了"邦之杌陧，曰由一人。邦之荣怀，亦尚一人之庆"的认识，体现了领导者的责任与担当，因此流传于后世，为人所传颂。

第九章

沟通功能五：说服他人

故谋莫难于周密，说莫难于悉听，事莫难于必成。此三者，唯圣人然后能任之。

——《鬼谷子·摩篇》

一、合情者听——想说服、先同步

凡说之难：非吾知之有以说之之难也，又非吾辩之能明吾意之难也，又非吾敢横失而能尽之难也。凡说之难：在知所说之心，可以吾说当之。

——《韩非子·说难》

《韩非子》在《说难》中强调了说服别人是一件多么艰难的事情，然后指出其中最难的莫过于了解沟通对象的心理，以此作为说服的切入点。良好的关系是沟通的前提，关系不到，再好的沟通技巧也是徒劳。我们常说的"交浅莫言深""疏不间亲"就是这个道理。

初，楚司马子良生子越椒。子文曰："必杀之。是子也，熊虎之状，而豺狼之声，弗杀，必灭若敖氏矣。谚曰：'狼子野心。'是乃狼也，其

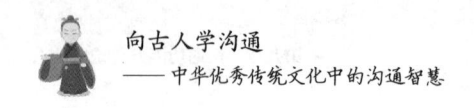

可畜乎？"子良不可。子文以为大戚，及将死，聚其族，曰："椒也知政，乃速行矣，无及于难。"且泣曰："鬼犹求食，若敖氏之鬼，不其馁而？"

——《春秋左传·宣公四年》

斗越椒是春秋时期楚国名臣令尹子文的弟弟司马子良的儿子。斗越椒出生后，子文看到这个孩子大惊失色，对子良说："这孩子不能留，你一定要杀了他。这孩子长得像熊虎，且声音像豺狼。如果不杀他，长大后必定会惹祸招灾，给若敖族带来灭门之祸。谚语说'狼子野心'。这孩子就是一条狼，难道能饲养吗？"子良当然不会因为哥哥的这番话杀掉自己的亲生儿子。子文却从此落下了心病，整日坐卧不宁。直到临终前，子文召来族人叮嘱说："我不行了。如果哪一天斗越椒执政了，你们一定要赶快离开楚国，千万不要坐等灾祸降临。"一语至此，子文泪如雨下说："鬼魂都知道要吃饭，可若敖氏的鬼魂要挨饿了啊。"后来斗越椒果然谋反。我们看到这个故事，在感慨子文的识人之明之余，同时也应该反思子文"以疏间亲"的沟通错误。

夫事成必合于数，故曰道数与时相偶者也。说者听必合于情，故曰情合者听。故物归类，抱薪趋火，燥者先燃；平地注水，湿者先濡。此物类相应，于势譬犹是也。

——《鬼谷子·摩篇》

《鬼谷子》认为想要把事情办成就必须尊重客观规律，要达到规律、方法和时机三者的完美契合。说出的话想要被人采纳，必须符合对方的情感，所以叫"情合者听"。物以类聚，干燥的木柴先起火，湿润的地面先积水。当代社会心理学中有一种说法叫"先同步、再说服"，指的就是在说服对方之前，必须获得对方的情感支持。

赵太后新用事，秦急攻之。赵氏求救于齐。齐曰："必以长安君为质，兵乃出。"太后不肯，大臣强谏。太后明谓左右："有复言令长安君为质者，老妇必唾其面。"

左师触龙言愿见太后，太后盛气而胥之。入而徐趋，至而自谢，曰："老臣病足，曾不能疾走，不得见久矣。窃自恕，而恐太后玉体之有所郄也，故愿望见太后。"太后曰："老妇恃辇而行。"曰："日食饮得无衰乎？"曰："恃粥耳。"曰："老臣今者殊不欲食，乃自强步，日三四里，少益耆食，和于身也。"太后曰："老妇不能。"太后之色少解。

左师公曰："老臣贱息舒祺，最少，不肖。而臣衰，窃爱怜之，愿令得补黑衣之数，以卫王宫，没死以闻。"太后曰："敬诺。年几何矣？"对曰："十五岁矣。虽少，愿及未填沟壑而托之。"太后曰："丈夫亦爱怜其少子乎？"对曰："甚于妇人。"太后笑曰："妇人异甚。"对曰："老臣窃以为媪之爱燕后贤于长安君。"曰："君过矣，不若长安君之甚。"左师公曰："父母之爱子，则为之计深远。媪之送燕后也，持其踵为之泣，念悲其远也，亦哀之矣。已行，非弗思也，祭祀必祝之，祝曰：'必勿使反。'岂非计久长，有子孙相继为王也哉？"太后曰："然。"左师公曰："今三世以前，至于赵之为赵，赵主之子孙侯者，其继有在者乎？"曰："无有。"曰："微独赵，诸侯有在者乎？"曰："老妇不闻也。""此其近者祸及身，远者及其子孙。岂人主之子孙则必不善哉？位尊而无功，奉厚而无劳，而挟重器多也。今媪尊长安君之位，而封之以膏腴之地，多予之重器，而不及今令有功于国。一旦山陵崩，长安君何以自托于赵？老臣以媪为长安君计短也，故以为其爱不若燕后。"太后曰："诺。恣君之所使之。"于是，为长安君约车百乘质于齐，齐兵乃出。

子义闻之曰："人主之子也，骨肉之亲也，犹不得恃无功之尊，无劳之奉，而守金玉之重也，而况人臣乎？"

——《战国策·赵策四》

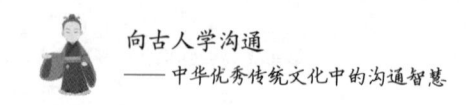

这一策的故事几乎家喻户晓，其中蕴含了"先同步、再说服"的智慧。赵太后爱子心切，不允许任何人提出让长安君当质子的事情。但触龙又必须说服赵太后接受这一安排，以下谏上，以疏间亲，况且触龙和赵太后男女有别，这些因素都让劝说难上加难。因此触龙先是从走路、吃饭等话题聊起，把一场劝谏伪装成一场老年人之间的亲切闲聊，让赵太后"色少解"。

接下来触龙假意给自己的儿子谋职，进一步让赵太后放下戒备，把话题引向子女。由此引发赵太后的好奇，让她自己问出"丈夫亦爱怜其少子乎？"的问题，然后触龙故作反常之语："甚于妇人。"太后笑曰："妇人异甚。"触龙继续"说怪话"："老臣窃以为媪之爱燕后贤于长安君。"曰："君过矣，不若长安君之甚。"赵太后终于聊起长安君的话题，只有突破了这一关，触龙才能开始讲道理，最终说服赵太后派长安君去齐国做质子。

故曰：不见其类而为之者，见逆；不得其情而说之者，见非。得其情，乃制其术。此用可出可入，可揵可开。故圣人立事，以此先知而揵万物。

——《鬼谷子·内揵》

心理学认为人的心理有防御机制，在遇到他人劝说时，往往先质疑、排斥等。如果在这时贸然向对方提出要求，很容易遭遇拒绝。我们的祖先很早就认识到了这种现象，《鬼谷子》将这种心理防御机制称为"内揵"，意思是"从里面闩住的门闩"，在沟通对象"心门"未开的时候进行游说，就会导致"不见其类而为之者，见逆；不得其情而说之者，见非"的结果。因此必须充分了解沟通对象，才可以"制其术"，然后"可出可入，可揵可开"，实现良好的沟通效果。因此很多古人为了说服君主，可以说是煞费苦心。

第九章 沟通功能五：说服他人

伊尹亦欲归汤，汤于是请取妇为婚。有侁氏喜，以伊尹媵女。故贤主之求有道之士，无不以也；有道之士求贤主，无不行也。相得然后乐。不谋而亲，不约而信，相为殚智竭力，犯危行苦，志欢乐之。此功名所以大成也。固不独，士有孤而自恃，人主有奋而好独者，则名号必废熄，社稷必危殆。故黄帝立四面，尧、舜得伯阳、续耳然后成。

汤得伊尹，袚之于庙，爝以爟火，衅以牺猳。明日，设朝而见之。说汤以至味，汤曰："可对而为乎？"对曰："君之国小，不足以具之，为天子然后可具。夫三群之虫，水居者腥，肉玃者臊，草食者膻。臭恶犹美，皆有所以。凡味之本，水最为始。五味三材，九沸九变，火为之纪。时疾时徐，灭腥去臊除膻，必以其胜，无失其理。调和之事，必以甘酸苦辛咸，先后多少，其齐甚微，皆有自起。鼎中之变，精妙微纤，口弗能言，志弗能喻，若射御之微，阴阳之化，四时之数。故久而不弊，熟而不烂，甘而不哝，酸而不酷，咸而不减，辛而不烈，澹而不薄，肥而不䐿。肉之美者，猩猩之唇，獾獾之炙，隽觾之翠，述荡之腕，旄象之约，流沙之西，丹山之南，有凤之丸，沃民所食。鱼之美者，洞庭之鱄，东海之鲕，醴水之鱼，名曰朱鳖，六足、有珠、百碧。藿水之鱼，名曰鳐，其状若鲤而有翼，常从西海夜飞游于东海。菜之美者，昆仑之蘋，寿木之华，指姑之东，中容之国，有赤木玄木之叶焉，馀瞀之南，南极之崖，有菜，其名曰嘉树，其色若碧，阳华之芸，云梦之芹，具区之菁，浸渊之草，名曰土英。和之美者，阳朴之姜，招摇之桂，越骆之菌，鳢鲔之醢，大夏之盐，宰揭之露，其色如玉，长泽之卵。饭之美者，玄山之禾，不周之粟，阳山之穄，南海之秬。水之美者，三危之露，昆仑之井，沮江之丘，名曰摇水，曰山之水，高泉之山，其上有涌泉焉，冀州之原。果之美者，沙棠之实，常山之北，投渊之上，有百果焉，群帝所食，箕山之东，青鸟之所，有甘栌焉，江浦之橘，云梦之柚，汉上石耳。所以致之，马之美者，青龙之匹，遗风之乘。非先为天子，不可得而具。天子不可强为，必先知道。道者止彼在己，己成而天子成，天子成则至味具。故审近所以知远也，成

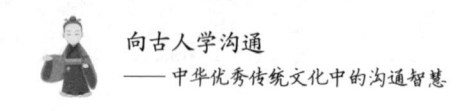

己所以成人也。圣王之道要矣,岂越越多业哉!"

——《吕氏春秋·本味》

《吕氏春秋》中记载伊尹想要效力于商汤但没有途径,最终以陪嫁奴隶的身份得到任用。商汤起初只让伊尹做厨子,但伊尹借题发挥,首先抛出"至味"的话题,描述了一大堆山珍海味来引起商汤的兴趣,然后告诉商汤"君之国小,不足以具之,为天子然后可具",以此激发商汤争霸天下的志向。但他这席话的真正目的是讲统治之道,并向商汤展示自己的管理才能。这个故事告诉我们,想要说服对方,先要了解对方的喜好,如果从对方的喜好出发,对方会把你当作"自己人",在这个基础上你可以逐渐将话题过渡到你想要表达的领域,这就是我们常说的"夹带私货"。

王龙溪少年任侠,日日在酒肆博场中,阳明亟欲一会不能也。阳明却,日令门弟子六博投壶,歌呼饮酒。久之,密遣一弟子睍龙溪,随至酒肆家,索与共赌。龙溪笑曰:"腐儒亦能博乎?"曰:"吾师门下,日日如此。"龙溪乃大惊,求见阳明,一睹眉宇,便称弟子。

——《智囊·术智部》

王阳明想收王龙溪(王畿,号龙溪)为徒,但年轻时的王畿喜欢饮酒赌博,搞江湖好汉那一套。如果王阳明贸然提出收徒要求,必然会遭到拒绝。因此王阳明先让弟子们学习赌博饮酒,然后派一名弟子跟着王龙溪到酒肆里,邀请他赌一局。王龙溪觉得又诧异又好笑,问道:"你们这些书呆子也会赌博?"那名弟子回答:"在阳明先生门下,天天都这样啊。"王龙溪惊奇不已,所以主动提出要见王阳明,一见到阳明先生,就佩服得五体投地,自称弟子。用《吕氏春秋》中的话说,就是:"故贤主之求有道之士,无不以也;有道之士求贤主,无不行也。"

李耳化胡，禹入裸国而解衣，孔尼较猎，散宜生行贿，仲雍断发文身，裸以为饰，不知者曰：圣贤之智，有时而殚。知者曰：圣贤之术，无时而窘。婉而不遂，谓之"委蛇"；匿而不章，谓之"谬数"；诡而不失，谓之"权奇"。不婉者，物将格之；不匿者，物将倾之；不诡者，物将厄之。呜呼！术神矣，智止矣！

——《智囊·术智部》

冯梦龙在《智囊》中列举了老子、大禹、孔子、仲雍"入乡随俗"的例子，以此说明在沟通中要根据沟通对象和沟通环境的特点，选择合适的方法。

二、象比之术——让语言更生动

言有象，事有比，其有象比，以观其次。象者象其事，比者比其辞也。

——《鬼谷子·反应》

《鬼谷子》中提到了一种名为"象比之术"的沟通技巧，就是通过形象的语言和生动的比喻来阐述道理，设象的目的是激发对方的情绪反应，比喻的目的是阐明抽象的道理，让沟通更加轻松。通过"设象"巧妙调动人的情绪，从而实现沟通的目标。

魏王与龙阳君共船而钓，龙阳君得十余鱼而涕下。王曰："有所不安乎？如是，何不相告也？"对曰："臣无敢不安也。"王曰："然则何为涕出？"曰："臣为臣之所得鱼也。"王曰："何谓也？"对曰："臣之始得鱼也，臣甚喜，后得又益大，今臣直欲弃臣前之所得矣。今以臣凶恶，而得为王拂枕席。今臣爵至人君，走人于庭，辟人于途，四海之内，美人亦甚

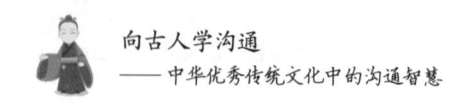

多矣,闻臣之幸于王也,必褰裳而趋王。臣亦犹曩臣之前所得鱼也,臣亦将弃矣,臣安能无涕出乎?"魏王曰:"误!有是心也,何不相告也?"于是布令于四境之内曰:"有敢言美人者族。"

——《战国策·魏策四》

魏王与爱妃龙阳君同坐在一条船上钓鱼,龙阳君钓了十几条鱼便流泪了。魏王说:"你有什么不开心的事情?怎么不告诉我呢?"龙阳君回答说:"我并没有什么不开心的事情。"魏王非常奇怪,问龙阳君:"那你为什么流泪呢?"龙阳君说:"我为我所钓到的鱼而流泪。"魏王更纳闷了,问她:"为什么要为鱼流泪呢?"龙阳君回答说:"我起初钓到鱼很兴奋,可是后来钓到更大的鱼,便只想把以前钓到的鱼扔掉。我现在虽然受宠于大王,但随着大王后宫的美人越来越多,我担心自己也会像之前钓到的鱼一样被抛弃,想到这里我怎么能不流泪呢?"于是魏王下令:"谁再敢向我进献美人,诛灭全族!"龙阳君在钓鱼过程中以鱼设譬,在相声中被称为"抓现挂",体现了良好的随机应变能力。那么,象比之术在沟通中到底有什么作用呢?

客谓梁王曰:"惠子之言事也善譬,王使无譬,则不能言矣。"王曰:"诺!"明日见,谓惠子曰:"愿先生言事则直言耳,无譬也。"惠子曰:"今有人于此而不知弹者,曰:'弹之状若何?'应曰:'弹之状如弹。'则谕乎?"王曰:"未谕也。""于是,更应曰:'弹之状如弓,而以竹为弦。'则知乎?"王曰:"可知矣。"惠子曰:"夫说者,固以其所知谕其所不知,而使人知之。今王曰'无譬,'则不可矣。"王曰:"善!"

——《说苑·善说》

有人在魏王面前给惠子"使绊子",说:"惠子说话特别喜欢用比喻,大王下次试着不要让他用比喻,他就不会说话了。"魏王也想见识一下是不是真的，于是第二天向惠子提出要求："先生想说什么就直说，不要用比喻了。"惠子说："现在如果有一个不知道'弹弓'是什么东西的人在这里，他问您：'弹弓的形状像什么？'如果回答说：'弹弓的形状就像弹弓。'那他明白吗？"梁王说："不明白。"惠子接着说："在这时就应该改变说法回答他：'弹弓的形状像把弓，却用竹子做它的弦。'那么他会明白吗？"梁王说："可以明白了。"惠子说："说话的人本来就是用人们已经知道的东西来说明人们所不知道的东西，从而使人们真正弄懂它。现在您却叫我不使用比喻，这就行不通了。"梁王这才明白比喻的用处。

语言学家乔纳森·卡勒认为"比喻是认知的一种基本方式，通过把一种事物看成另一种事物而认识了它。也就是说，找到甲事物和乙事物的共同点，发现甲事物暗含在乙事物身上不为人所熟知的特征，而对甲事物有一个不同于往常的新的认识。"这和惠子的观点几乎一致。我们在沟通中可以通过比喻，从沟通对象熟悉的事物出发，使对方逐渐理解其不熟悉的事物或道理。因此象比之术讲究"同声相呼、实理同归"，沟通高手会根据沟通情境，合理地使用比喻。

希宪称疾笃，皇太子遣侍臣问疾，因问治道，希宪曰："君天下在用人，用君子则治，用小人则乱。臣病虽剧，委之于天。所甚忧者，大奸专政，群小阿附，误国害民，病之大者。殿下宜开圣意，急为屏除，不然，日就沈疴，不可药矣。"

——《续资治通鉴·元纪二》

元代的名臣廉希宪年迈病重，皇太子真金派人去探望病情，同时向他咨询治国之道。廉希宪回答说："治理天下最重要的是任用人才，任用君子就会治，任用小人则会乱。我的病情虽然严重，但对此只不过是听天由命罢了。我最担心的是国家奸人当道，误国害民。我奉劝殿下尽早除去朝中的小人，不然国家就会像我的病情一样积重难返不可医治了。"这就是

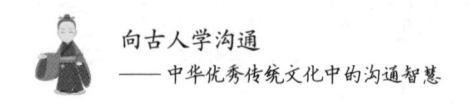

将治国之道与治病之道相类比，从而达到劝谏的目的。

"象比之术"还有一个用途就是打破说服的僵局。如果沟通对象明确表示不想沟通某个话题，我们可以利用"象比之术"，从别的事情说起，从而消除沟通对象的"内揵"。

孟尝君将入秦，止者千数而弗听。苏秦欲止之，孟尝君曰："人事者吾已尽知之矣；吾所未闻者，独鬼事耳。"苏秦曰："臣之来也，固不敢言人事也，固且以鬼事见君。"

孟尝君见之。谓孟尝君曰："今者臣来，过于淄上，有土偶人与桃梗相与语。桃梗谓土偶人曰：'子西岸之土也，挺子以为人，至岁八月，降雨下，淄水至，则汝残矣。'土偶曰：'不然。吾西岸之土也，土则复西岸耳。今子东国之桃梗也，刻削子以为人，降雨下，淄水至，流子而去，则子漂漂者将何如耳。'今秦四塞之国，譬若虎口，而君入之，则臣不知君所出矣。"孟尝君乃止。

——《战国策·齐策三》

孟尝君受到秦王的诱惑，想要离开齐国去秦国任职，宾客们屡屡劝谏，但孟尝君并不接纳。这时苏秦求见孟尝君，孟尝君一上来就高挂"免战牌"，说道："人间的事情我已经都了解了，要说还有什么不懂的，那可能就是关于鬼的事情了。"苏秦将计就计，回答道："我这次来就没打算谈论人间的事情，就让我和您谈谈鬼的事情吧。"孟尝君见说到这一步，也只好给了苏秦开口的机会，苏秦用"鬼事"设"象比"："我在来这里的路上听到桃木做的塑像和泥土做的塑像在谈话。桃木人对泥巴人说：'您本是河西岸的泥巴，是人们把您捏成人形的，如果到了八月份，天降大雨，淄水暴涨，那您就会被冲坏了。'泥巴人说：'不对。我本来就是河西岸的泥巴，冲坏了仍旧回到西岸泥巴堆里去。而您本来是东方的桃梗，是人们把您雕刻成人形的，如果下大雨，淄水猛涨，把您直冲而下，您将漂流到什么地方去呢？'现在，秦国四面都是险要关口，就像虎口一样，您到了秦国，那为臣就不知道您能不能回来了。"孟尝君听了他的话，就取消了到秦国的打算。

无独有偶，孟尝君的父亲靖郭君也领教过"象比之术"的厉害。

靖郭君将城薛，客多以谏。靖郭君谓谒者无为客通。齐人有请者曰："臣请三言而已矣！益一言，臣请烹。"靖郭君因见之。客趋而进曰："海大鱼。"因反走。君曰："客有于此。"客曰："鄙臣不敢以死为戏。"君曰："亡，更言之。"对曰："君不闻大鱼乎？网不能止，钩不能牵，荡而失水，则蝼蚁得意焉。今夫齐，亦君之水也，君长有齐阴，奚以薛为？失齐，虽隆薛之城到于天，犹之无益也。"君曰："善。"乃辍城薛。

——《战国策·齐策一》

在这个故事中，靖郭君想要加固自己封地"薛"的城墙，这当然会引起齐王的猜忌，靖郭君的门客纷纷劝谏，但靖郭君铁了心要那么干，谁来也不好使。这时有人说："我只说三个字，如果多说一个字，您烹了我！"这样的态度无疑会激起靖郭君的好奇心，没想到这个门客急匆匆走进来说"海大鱼"，说完这三个字扭头就走。这三个字引起了靖郭君的好奇心，"海大鱼"到底是什么意思呢？可是当他问这个门客，门客却回答说："我刚说过如果我说话超过三个字，您可以烹了我。我可不敢拿自己的生死开玩笑！"靖郭君无奈地说："算了，您想说什么就说吧！"于是门客用海里的大鱼做比喻，告诉靖郭君要忠于齐国的道理。这就是通过巧妙设置"象比"，成功解除沟通对象的"内揵"。类似的故事还有下面这一则。

吴王欲伐荆，告其左右曰："敢有谏者死。"舍人有少孺子者，欲谏不敢，则怀丸操弹，游于后园，露沾其衣，如是者三旦。吴王曰："子来，何苦沾衣如此。"对曰："园中有树，其上有蝉，蝉高居悲鸣饮露，不知螳

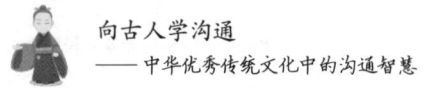

螂在其后也；螳螂委身曲附欲取蝉，而不知黄雀在其傍也；黄雀延颈欲啄螳螂，而不知弹丸在其下也；此三者，皆务欲得其前利，而不顾其后之有患也。"吴王曰："善哉。"乃罢其兵。

——《说苑·正谏》

谏言者先是通过三天三夜"怀丸操弹，游于后园，露沾其衣"的"行为艺术"吸引了吴王的注意，然后通过"螳螂捕蝉，黄雀在后"的道理劝吴王罢兵，真可谓煞费苦心！

三、无婴逆鳞——巧用幽默，事半功倍

夫龙之为虫也，柔可狎而骑也；然其喉下有逆鳞径尺，若人有婴之者，则必杀人。人主亦有逆鳞，说者能无婴人主之逆鳞，则几矣。

——《韩非子·说难》

说服别人有风险，一旦触发对方的心理防御机制，轻则被对方嫌恶，重则导致关系破裂。如果说服对象是自己的领导，则可能导致更加严重的后果。《韩非子》在《难言》一篇中列举了历史上二十多个因谏言而招致祸患的例子："故子胥善谋而吴戮之，仲尼善说而匡围之，管夷吾实贤而鲁囚之。故此三大夫岂不贤哉？而三君不明也。上古有汤，至圣也；伊尹，至智也。夫至智说至圣，然且七十说而不受，身执鼎俎为庖宰，昵近习亲，而汤乃仅知其贤而用之。故曰：以至智说至圣，未必至而见受，伊尹说汤是也；以智说愚必不听，文王说纣是也。故文王说纣而纣囚之；翼侯炙；鬼侯腊；比干剖心；梅伯醢；夷吾束缚；而曹羁奔陈；伯里子道乞；傅说转鬻；孙子膑脚于魏；吴起抆泣于岸门，痛西河之为秦，卒枝解于楚；公叔痤言国器反为悖，公孙鞅奔秦；关龙逢斩；苌弘分胣；尹子阱于棘；司马子期死而浮于江；田明辜射；宓子贱、西门豹不斗而死人手；董安于死而陈于市；宰予不免于田常；范雎折胁于魏。"最后总结道："此十数人者，皆世之仁贤忠良有道术之士也，不幸而遇悖乱暗惑之主而死。然则虽贤圣不能逃死亡避戮辱者，何也？则愚者难说也，故君子难言也。"

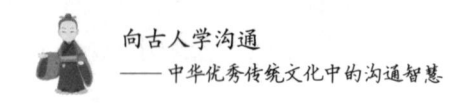

那我们应该如何避免在说服中触犯对方的"逆鳞"呢？首先要克制自己的情绪，《鬼谷子·反应》中说"己欲平静以听其辞，察其事，论万物，别雄雌"，强调在沟通中务必保持自己的情绪冷静，这样才能更好地了解事情的真相。有些人因为一时冲动而做出过激的行为，从而在人际关系中造成不可挽回的后果。

汉四年，遂皆降平齐。使人言汉王曰："齐伪诈多变，反覆之国也，南边楚，不为假王以镇之，其势不定。愿为假王便。"当是时，楚方急围汉王于荥阳，韩信使者至，发书，汉王大怒，骂曰："吾困于此，旦暮望若来佐我，乃欲自立为王！"张良、陈平蹑汉王足，因附耳语曰："汉方不利，宁能禁信之王乎？不如因而立，善遇之，使自为守。不然，变生。"汉王亦悟，因复骂曰："大丈夫定诸侯，即为真王耳，何以假为！"乃遣张良往立信为齐王，征其兵击楚。

——《史记·淮阴侯列传》

这个故事说的是汉初的韩信攻灭了田横的齐国之后权欲膨胀，于是给刘邦写信说："齐国虽然平定，但是人心多变，而且齐国和项羽的楚接壤，要是不封一个'假王'坐镇齐地，恐怕局势不稳啊！请求大王把我封为齐地的'假王'。"这时候刘邦正在荥阳被项羽围攻，看到这封书信刘邦勃然大怒说："我被困在这里危在旦夕，可韩信这家伙不想着带兵回来帮我解围，反而想着自封为王！"张良、陈平听到这话急忙踩刘邦的脚，并且对刘邦悄悄耳语："现在咱们处于危机之中，即便您不想让韩信封王，难道真的能阻止他吗？不如顺应他并且善待他，让他替您牵制住项羽，不然必定生出变乱！"刘邦恍然大悟，对使者说："堂堂大丈夫平定诸侯，立下战功，要封就封真王！封什么假王！"于是派张良去齐地立韩信为王，让他帮忙攻击项羽。与常人一样，刘邦也有怒火攻心的时候，但他的优点就是能及时听劝，避免因为怒不可遏而做出不理智的行为。

与在别人的劝说下"自牧"相比，能够识别自己的情绪并且主动控制情绪无疑水平更高。用《周易》中的话来讲就是"谦谦君子，卑以自牧"，能否"自牧"是衡量君子人格的重要标准。

孔子穷乎陈、蔡之间，藜羹不斟，七日不尝粒。昼寝。颜回索米，得而爨之，几熟，孔子望见颜回攫其甑中而食之。选间，食熟，谒孔子而进食。孔子佯为不见之。孔子起曰："今者梦见先君，食洁而后馈。"颜回对曰："不可。向者煤炱入甑中，弃食不祥，回攫而饭之。"孔子叹曰："所信者目也，而目犹不可信；所恃者心也，而心犹不足恃。弟子记之：知人固不易矣。"故知非难也，所以知人难也。

——《吕氏春秋·审分览第五》

传说孔子当年周游列国，曾经在陈国和蔡国交界的地方陷入了断炊的窘境，七天七夜都没吃到一口东西，只能靠白天睡觉来逃避饥饿。他最为重视的弟子颜回费了好大力气讨回了一点米，欢天喜地地去煮饭。可是就在饭快要煮熟的时候，孔子看到颜回从煮饭的容器里掏出一把米饭偷偷吃掉了。孔子假装没有看到这一幕，但是心生不悦，于是等颜回端着米饭来请他用餐的时候故意说："刚才我梦到了死去的先父，所以要对他进行一次祭祀。这锅米饭没有被动过，是洁净的食物，正好可以用来举行这次祭礼。"颜回急忙回答："不可以！刚才做饭的时候有烟灰掉进了容器里，白白扔掉食物不吉祥，所以我把最上面沾了烟灰的米饭捞出来吃掉了。"孔子知道这原来是一场误会，因此感慨地对其他弟子说："人们都说眼见为实，但是就算眼睛看到的仍然不可信。人们做判断时依靠的是自己的心，但人心也仍不完全可靠。你们记住，要了解一个人不容易啊。"即便是孔子，面对最令他信任的颜回，仍然不能避免误会和猜疑。但孔子的高明之处就是能够控制住愤怒的情绪，通过"符验"和"参观"获得事实真相，才不至于冤枉贤徒颜回。孔子能够做到"克己""自牧"，因此不愧为圣贤！

在劝谏他人时，为了避免"忠言逆耳"导致的排斥心理，可以用先表扬再劝说的方法。

王曰："寡人有疾，寡人好色"。

对曰："昔者太王好色，爱厥妃。《诗》云：'古公亶父，来朝走马，率西水浒，至于岐下，爰及姜女，聿来胥宇。'当是时也，内无怨女，外无旷夫。王如好色，与百姓同之，于王何有？"

——《孟子·梁惠王下》

梁惠王直言自己"好色"的缺点，孟子并没有直接劝谏好色之危害，反而引用《诗经》说"好色"很正常。但孟子的本意绝不是"诲淫诲盗"，而是让梁惠王接受他"仁政""爱民"的观点。用《韩非子》的话说就是：

"凡说之务，在知饰所说之所矜而灭其所耻。"要通过高超的沟通技巧让说服对象放下防备之心，尽量避免触及对方的敏感话题，这样才有利于开展下一步的说服工作。

另一种办法是"指桑骂槐"，通过批评其他人来实现劝谏。

景公有马，其圉人杀之，公怒，援戈将自击之。晏子曰："此不知其罪而死，臣请为君数之，令知其罪而杀之。"公曰："诺。"晏子举戈而临之曰："汝为吾君养马而杀之，而罪当死；汝使吾君以马之故杀圉人，而罪又当死；汝使吾君以马故杀人，闻于四邻诸侯，汝罪又当死。"公曰："夫子释之！夫子释之！勿伤吾仁也。"

——《说苑·正谏》

齐景公的马被马夫误杀，齐景公操起戈要杀掉这名马夫，晏子正好在场，连忙说道："不能让他死得不明不白，请让臣历数他的罪状，让他明白自己的罪过再受死！"齐景公答应了。晏子接过齐景公手里的戈，指着马夫说："你给大王养马把马弄死了，这是死罪之一！你让大王因为马的原因杀人，这是死罪之二！你让大王因马杀人的事情传遍邻国，这是死罪之三！"齐景公这才明白晏子意在劝谏，忙说："好了好了，放了他吧，不要伤了我仁爱的名声！"我们面对那些面子薄的沟通对象，可以学习晏子的说服方式，通过示范效应实现劝说。

第三种方式就是"幽默法"，用荒诞滑稽的结论完成警示和劝说。《史记》中专列《滑稽列传》一篇，其中有很多有趣的故事。

始皇尝议欲大苑囿，东至函谷关，西至雍、陈仓。优旃曰："善。多纵禽兽于其中，寇从东方来，令麋鹿触之足矣。"始皇以故辍止。

二世立，又欲漆其城。优旃曰："善。主上虽无言，臣固将请之。漆城虽于百姓愁费，然佳哉！漆城荡荡，寇来不能上。即欲就之，易为漆

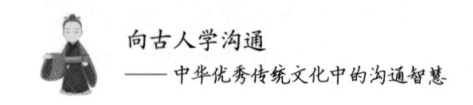

耳，顾难为荫室。"于是二世笑之，以其故止。

——《史记·滑稽列传》

　　秦朝宫中有个名叫优旃的侏儒，他常常使用幽默的方式劝说皇帝。秦始皇时期打算大修园林，优旃说："太好了，一定要在园林里多养一些动物！这样有敌人从东方来的话，就可以让麋鹿用角把敌人都顶走了！"秦二世打算给旧城的城墙刷漆，优旃说："太好了！皇上即使不讲，我本来也要请您这样做的。漆城墙虽然给百姓带来愁苦和耗费，可是很美呀！城墙漆得漂漂亮亮的，敌人来了也爬不上来。要想成就这件事，涂漆倒是容易的，但是难办的是要找一所大房子，把漆过的城墙搁进去，使它阴干。"优旃就是利用这种幽默法成功说服了残暴易怒的秦始皇和秦二世。

第十章

沟通功能六：谈判交涉

何必操干戈，堂上有奇兵。

折冲樽俎间，制胜在两楹。

——张协《杂诗》

人在社会中生活，难免会与他人产生矛盾和分歧，利益集团之间、国家之间也常常会产生争端。中华文化崇尚"和合之道"，讲究"不战而屈人之兵"，但老祖宗们绝不是让我们毫无底线地忍让，而是让我们通过高明的谈判交涉"折冲于樽俎之间"。

一、量权揣情——先调查、再沟通

古之善用天下者，必量天下之权而揣诸侯之情。量权不审，不知强弱轻重之称；揣情不审，不知隐匿变化之动静。何谓量权？曰：度于大小，谋于众寡，称货财有无之数，料人民多少，饶乏有余不足几何；辨地形之险易，孰利孰害；谋虑孰长孰短；揆群臣之亲疏，孰贤孰不肖；与宾客之智慧，孰少孰多；观天时之祸福，孰吉孰凶；诸侯之交，孰用孰不用；百姓之心，去就变化，孰安孰危，孰好孰憎，反侧孰辨。能知

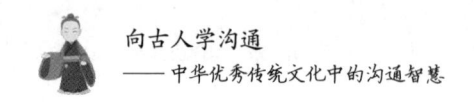

此者，是谓量权。

——《鬼谷子·揣篇》

没有调查就没有发言权，更没有决策权，《鬼谷子》认为我们在说话、做事之前，必须"量天下之权而揣诸侯之情"。所谓的"量权揣情"就是通过调查研究，充分掌握信息，以此作为决策和行动的依据。

秦攻宜阳，周君谓赵累曰："子以为如何？"对曰："宜阳必拔也。"君曰："宜阳城方八里，材士十万，粟支数年，公仲之军二十万，景翠以楚之众，临山而救之，秦必无功。"对曰："甘茂，羁旅也，攻宜阳而有功，则周公旦也；无功，则削迹于秦。秦王不听群臣父兄之议而攻宜阳，宜阳不拔，秦王耻之。臣故曰拔。"君曰："子为寡人谋，且奈何？"对曰："君谓景翠曰：'公爵为执圭，官为柱国，战而胜，则无加焉矣；不胜，则死。不如背秦援宜阳。公进兵，秦恐公之乘其弊也，必以宝事公，公仲慕公之为己乘秦也，亦必尽其宝。'"

秦拔宜阳，景翠果进兵。秦惧，遽效煮枣，韩氏果亦效重宝。景翠得城于秦，受宝于韩，而德东周。

——《战国策·东周策》

之前我们讲过"秦攻宜阳"的故事，知道甘茂围攻宜阳的战役打得非常艰难。这时其他诸侯国如果能够预判战争的胜负，就能够事先采取相应的措施。对于秦韩宜阳之战的结果，东周君和赵累有不同的判断。东周君从宜阳的城防、军备以及韩、楚两国联军的实力，判断秦国不可能攻下宜阳。但赵累则从统帅意志的角度出发，认为甘茂是来自楚国的"客卿"，如果攻下宜阳，就会像周公旦一样立下不世之功，如果攻不下，那就会被处以极刑。而秦武王不顾群臣父兄的意见一意孤行，如果攻不下宜阳，将大大有损秦武王的威信，因此秦武王和甘茂一定会不择手段攻下宜阳的。

可见，量权揣情不仅要考虑那些有形的因素，也要考虑人心这样的无形因素。

义渠君之魏，公孙衍谓义渠君曰："道远，臣不得复过矣，请谒事情。"义渠君曰："愿闻之。"对曰："中国无事于秦，则秦且烧焫获君之国，中国为有事于秦，则秦且轻使重币，而事君之国也。"义渠君曰："谨闻令。"

居无几何，五国伐秦。陈轸谓秦王曰："义渠君者，蛮夷之贤君，王不如赂之以抚其心。"秦王曰："善。"因以文绣千匹，好女百人，遗义渠君。

义渠君致群臣而谋曰："此乃公孙衍之所谓也。"因起兵袭秦，大败秦人于李帛之下。

——《战国策·秦策二》

这一策讲的是秦国的公孙衍叛逃到魏国，正赶上义渠（秦国西北的少数民族）部落的首领出使魏国。公孙衍根据对秦国的了解告诉义渠君一个秘密："如果关东六国与秦国相安无事，则秦国一定会骚扰义渠部落；然而如果关东六国联合进攻秦国，那么秦国一定会用财货向义渠示好的。"果然后来五国伐秦，秦王派陈轸做使者安抚义渠，义渠君说："这就是公孙衍所说的那个时机吧！"于是偷袭秦军，大获全胜。这个故事告诉我们，表面信息往往具有不准确的地方，因此在量权揣情的时候还要有去伪存真的本事。

除了充分掌握信息，还需要充分进行模拟推演，确保计划周密可行。

楚王死，太子在齐质。苏秦谓薛公曰："君何不留楚太子，以市其下东国。"薛公曰："不可。我留太子，郢中立王，然则是我抱空质而行不义于天下也。"苏秦曰："不然。郢中立王，君因谓其新王曰：'与我下东国，

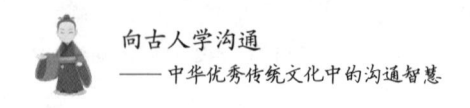

吾为王杀太子。不然，吾将与三国共立之。'然则下东国必可得也。"

苏秦之事，可以请行；可以令楚王亟入下东国；可以益割于楚；可以忠太子而使楚益入地；可以为楚王走太子；可以忠太子使之亟去；可以恶苏秦于薛公；可以为苏秦请封于楚；可以使人说薛公以善苏子；可以使苏子自解于薛公。

苏秦谓薛公曰："臣闻谋泄者事无功，计不决者名不成。今君留太子者，以市下东国也。非亟得下东国者，则楚子计变，变则是君抱空质而负名于天下也。"薛公曰："善。为之奈何？"对曰："臣请为君之楚，使亟入下东国之地。楚得成，则君无败矣。"薛公曰："善。"因遣之。故曰可以请行也。

谓楚王曰："齐欲奉太子而立之。臣观薛公之留太子者，以市下东国也。今王不亟入下东国，则太子且倍王之割而使齐奉己。"楚王曰："谨受命。"因献下东国。故曰可以使楚亟入地也。

谓薛公曰："楚之势可多割也。"薛公曰："奈何？""请告太子其故，使太子谒之君，以忠太子；使楚王闻之，可以益入地。"故曰可以益割于楚。

谓太子曰："齐奉太子而立之，楚王请割地以留太子，齐少其地。太子何不倍楚之割地而资齐，齐必奉太子。"太子曰："善。"倍楚之割而延齐。楚王闻之恐，益割地而献之，尚恐事不成。故曰可以使楚益入地也。

谓楚王曰："齐之所以敢多割地者，挟太子也。今已得地而求不止者，以太子权王也。故臣能去太子。太子去，齐无辞，必不倍于王也。王因驰强齐而为交，齐，必听王。然则是王去仇而得齐交也。"楚王大悦，曰："请以国因。"故曰可以为楚王使太子亟去也。

谓太子曰："夫剬楚者王也，以空名市者太子也，齐未必信太子之言也，而楚功见矣。楚交成，太子必危矣。太子其图之。"太子曰："谨受命。"乃约车而暮去。故曰可以使太子急去矣。

苏秦使人请薛公曰："夫劝留太子者苏秦也。苏秦非诚以为君也，且以便楚也。苏秦恐君之知之，故多割楚以灭迹也。今劝太子者又苏秦也，而君弗知，臣窃为君疑之。"薛公大怒于苏秦。故曰可使人恶苏秦于薛公也。

又使人谓楚王曰："夫使薛公留太子者苏秦也，奉王而代立楚太子者又苏秦也，割地固约者又苏秦也，忠王而走太子者又苏秦也。今人恶苏秦于薛公，以其为齐薄而为楚厚也。愿王之知之。"楚王曰："谨受命。"因封苏秦为武贞君。故曰可以为苏秦请封于楚也。

又使景鲤请薛公曰："君之所以重于天下者，以能得天下之士而有齐权也。今苏秦天下之辩士也，世与少有。君因不善苏秦，则是围塞天下士而不利说途也。夫不善君者且奉苏秦，而于君之事殆矣。今苏秦善于楚王，而君不蚤亲，则是身与楚为仇也。故君不如因而亲之，贵而重之，是君有楚也。"薛公因善苏秦。故曰可以为苏秦说薛公以善苏秦。

——《战国策·齐策三》

这一策堪称"奇策"，但很多人误解了这一策的含义，以为是苏秦在齐楚两国间斡旋的记录。实际上，这一策是在还原苏秦对局势进行"揣摩"术的过程。

这一策的背景是楚怀王在秦国去世，而此时楚国太子还在齐国充当人质。苏秦就对担任齐相的孟尝君田文说："阁下何不扣留楚太子，用他与楚国交换下东国之地呢？"孟尝君说："不能这样做，假如我扣留楚太子，而楚国另立新君，人质便失去了挟持的价值，反而落得不义之名。"苏秦说："不对，楚国一旦另立新君，阁下大可以挟太子以逼新主：'如果楚能割下东国之地与齐，我就为大王杀掉太子这个第一政敌，否则我将联合秦、韩、魏三国共拥太子为君。'这样下东国之地必能到手。"

接着苏秦分析了这个计谋接下来的发展：第一，他可以请求出使楚国；第二，可以迫使楚王尽快割让下东国给齐国；第三，可以继续让楚国多割让土地给齐国；第四，可以假装忠于太子，迫使楚国增加割地的数目；第五，可以替楚王赶走太子；第六，可以假装替太子着想而让他离开齐国；第七，可以借此事在孟尝君那里诋毁自己趁机取得楚国的封地；第

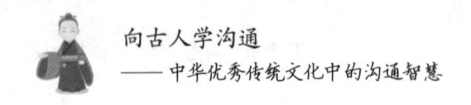

八，可以令人说动孟尝君，以自己的计策解除孟尝君对自己的戒心。接下来是苏秦的推演过程：

首先说第一步，苏秦借此名义出使楚国，苏秦可以对孟尝君说："我听说，计谋泄露不会成功，遇事不决难以成名。如今阁下扣留太子，是为了得到下东国之地，如果不尽快行动，恐怕楚人会另有算计，阁下便会处于空有人质而身负不义之名的尴尬处境。"孟尝君如果说："先生说得很对，但是我该怎么办？"苏秦就回答："我愿意为您出使楚国，游说它尽快割让下东国之地。一旦得地，阁下便成功了。"孟尝君说："有劳先生了。"这样孟尝君就会派苏秦到楚国完成使命。

当苏秦到达楚国，接下来的第二步目标是迫使楚王尽快割让下东国给齐国。如果苏秦至楚，可以对新立的楚王说："齐人欲奉太子为王，图谋用太子交换贵国的下东国之地。现今事势紧迫，大王如果不尽快割让下东国给齐，太子便会用比大王多出一倍的土地换取齐人对自己的支持。"楚王定会恭敬地回答："寡人一切遵命照办！"这样楚国就会向齐国献出下东国之地。

楚国割地之后，接下来的第三步目标是让楚国多割让土地给齐国。苏秦回来可以对孟尝君说："看楚王诚惶诚恐的样子，还可以多割占些土地。"孟尝君如果问办法，苏秦将回答："请让我把内情告诉太子，使他前来见您，您假意表示支持他回国执政，然后故意让楚王知道，他自会割让更多的土地。"

苏秦见到楚国太子之后，第四步目标是可以假装忠于太子，迫使楚国增加割地。苏秦见到楚太子会对他说："齐国拥立太子为楚王，可是新立的楚王却以土地贿赂齐国以扣留太子。齐国嫌得到的土地太小，太子何不以更多倍数的土地许诺于齐呢？若能如此，齐人一定会支持您。"太子说："好主意。"太子就会把比楚王许诺割让的多出一倍的土地许诺给齐国。楚王听到这个消息一定非常惊慌，不仅会割让更多的土地，还会因为害怕事情不能成功而诚惶诚恐。

等楚王同意增加割地之后，第五步目标是可以替楚王赶走太子。苏秦可以跑到楚王那里讨好说："齐人之所以胆敢多割楚地，是因为他们以太子相要挟。如今虽已得到土地，可仍然纠缠不休，这还是有太子作为要挟的缘故。臣愿意设法赶走太子，太子一走，齐国再无人质，必然再不敢向大王索要土地。大王趁机与齐达成一致协议，与之结交，齐人定然接受大王的要求。这样一来，既消灭了令大王寝食难安的仇敌，又结交到了强大的齐国。"楚王听了一定会十分高兴，说："寡人将楚国托付给先生了。"

接下来的第六步目标是劝说楚国太子逃离齐国。苏秦可以拜见太子，故作忧心忡忡地说："现今专制一国的是楚王，太子您不过空具虚名，齐人未必相信太子的许诺，而新楚王业已割地给齐。一旦齐、楚交好，太子就有可能成为其中的牺牲品，请太子早谋良策！"太子闻言之后必然会非常害怕，于是就会整治车辆，乘马连夜逃去。

等索要土地的大事确定之后，苏秦的第七步目标是为自己谋取一些好处。苏秦会故意派人到孟尝君那里诋毁自己："劝您扣留太子的苏秦，并非一个心眼替您打算，他实际是为楚国的利益奔忙。他唯恐阁下察觉此事，便通过多割楚地的做法以掩饰形迹。这次劝太子连夜逃奔的也是苏秦，可您并不知晓，我私下里替您怀疑他的用心。"

当孟尝君对苏秦产生怀疑，苏秦就可以派人到楚王那里游说："使孟尝君留太子的是苏秦，奉王而代立楚太子的也是苏秦，让楚国割地以达成协议的是苏秦，忠于大王而驱逐太子的仍然是苏秦。现在有人在孟尝君那里大进苏秦的谗言，说他厚楚而薄齐，死心塌地为大王效劳，希望大王能知道这些情况。"楚王闻言一定会封赏苏秦。

最后一步的目标是修复和孟尝君之间的关系。苏秦可以通过景鲤向孟尝君进言："阁下之所以名重天下，是因为您能延揽天下才识之士，从而左右齐国政局。如今苏秦乃是天下出类拔萃的辩说之士，当世少有。阁下如果不加接纳，定会闭塞进才之道，也不利于游说策略的开展。万一您的政敌重用苏秦，阁下便会危机丛生。现在苏秦很得楚王的宠信，假如不及

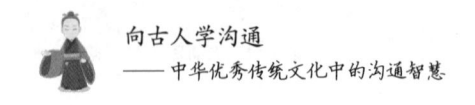

早接纳苏秦,就很容易与楚国结怨成仇。因此您不如顺水推舟,与之亲近,令其富贵荣达,阁下便得到楚国的支持。"这样孟尝君就会与苏秦言归于好。

苏秦通过周密的推演,形成了一条"连环计"。同一件事情,别人只能看到一两步,而苏秦已经设想好了接下来的八步该怎么办,这就是纵横家的过人之处。

二、卑亢有道——敢于斗争、善于斗争

中国人向来有不信邪、不怕鬼、不怕压的骨气与志气。历史上的很多故事表现了中国人不畏强暴、直面锋芒的胆色。

秦王使人谓安陵君曰:"寡人欲以五百里之地易安陵,安陵君其许寡人?"安陵君曰:"大王加惠,以大易小,甚善。虽然,受地于先王,愿终守之,弗敢易。"秦王不说。安陵君因使唐且使于秦。

秦王谓唐且曰:"寡人以五百里之地易安陵,安陵君不听寡人,何也?且秦灭韩、亡魏,而君以五十里之地存者,以君为长者,故不错意也。今吾以十倍之地请广于君,而君逆寡人者,轻寡人与?"唐且对曰:"否,非若是也。安陵君受地于先王而守之,虽千里不敢易也,岂直五百里哉!"

秦王怫然怒,谓唐且曰:"公亦尝闻天子之怒乎?"唐且对曰:"臣未尝闻也。"秦王曰:"天子之怒,伏尸百万,流血千里。"唐且曰:"大王尝闻布衣之怒乎?"秦王曰:"布衣之怒,亦免冠徒跣,以头抢地尔。"唐且曰:"此庸夫之怒也,非士之怒也。夫专诸之刺王僚也,彗星袭月;聂政之刺韩傀也,白虹贯日;要离之刺庆忌也,仓鹰击于殿上。此三子者,皆布衣之士也,怀怒未发,休祲降于天,与臣而将四矣。若士必怒,伏尸二人,流血五步,天下缟素,今日是也。"挺剑而起。秦王色挠,长跪而谢

之曰:"先生坐,何至于此,寡人谕矣。夫韩、魏灭亡,而安陵以五十里之地存者,徒以有先生也。"

——《战国策·魏策四》

这一策说的是魏国灭亡之后,秦王派人对原先附庸魏国的安陵君说:"我打算用五百里的土地交换安陵,请安陵君答应我的要求!"安陵君知道其中必定有诈,只好礼貌地拒绝说:"大王给我们恩惠,用大的地盘交换我们小的地盘,这确实是件好事;但我的土地是从先王那里继承的封赏,我有责任始终守护于此,因此不敢随便交换!"秦王很不高兴。因此安陵君就派遣唐且出使秦国做说客。

秦王对唐且说:"我打算用五百里的土地交换安陵,安陵君为什么不同意?秦国接连灭掉韩国、魏国,安陵仅仅凭借方圆五十里的土地幸存下来,是因为我把安陵君看作忠厚的长者,所以没有对安陵用兵。现在我想用十倍于安陵的土地,让安陵君扩大自己的领土,但是他违背我的意愿,这是轻视我吗?"唐且回答说:"不,并不是这样的。安陵君从先王那里继承了封地所以守护它,即使是方圆千里的土地也不敢交换,更何况只是五百里的土地呢?"

秦王勃然大怒,威胁唐且说:"先生听说过天子发怒是什么样子吗?"唐且回答说:"我未曾听说过。"秦王说:"天子发怒的时候,会倒下数百万人的尸体,鲜血流淌数千里。"唐且说:"大王曾经听说过百姓发怒吗?"秦王说:"百姓发怒,也不过就是摘掉帽子,光着脚,把头往地上撞罢了。"唐且说:"大王您说的是平庸无能的人发怒,不是有才能有胆识的'士'发怒的样子。专诸刺杀吴王僚的时候,彗星的尾巴扫过月亮;聂政刺杀韩傀的时候,一道白光直冲上太阳;要离刺杀庆忌的时候,苍鹰扑在宫殿上。他们三个人,都是平民中有才能有胆识的'士',他们心里的愤怒还没发作出来,上天就降示了吉凶的征兆。现在我即将成为第四个人了。如果'士'被激怒,那么至少会杀死仇敌,让五步之内淌满鲜血,并

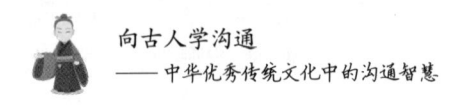

让天下百姓都要穿上白色的丧服，现在就是这个时候。"说完，拔剑出鞘立起。

秦王被唐且吓得变了脸色，直身而跪，向唐且道歉说："先生请坐！咱们怎么会闹到这种地步！我明白了：韩国、魏国灭亡，但安陵凭借方圆五十里的地方幸存下来，就是因为有先生您在啊！"

唐且不畏秦王的残暴，表现出非凡的勇气。除了勇气之外，我们也需要斗争的谋略。

赵惠文王时，得楚和氏璧。秦昭王闻之，使人遗赵王书，原以十五城请易璧。赵王与大将军廉颇诸大臣谋：欲予秦，秦城恐不可得，徒见欺；欲勿予，即患秦兵之来。计未定，求人可使报秦者，未得。宦者令缪贤曰："臣舍人蔺相如可使。"王问："何以知之？"对曰："臣尝有罪，窃计欲亡走燕，臣舍人相如止臣，曰：'君何以知燕王？'臣语曰：'臣尝从大王与燕王会境上，燕王私握臣手，曰"原结友"。以此知之，故欲往。'相如谓臣曰：'夫赵强而燕弱，而君幸于赵王，故燕王欲结于君。今君乃亡赵走燕，燕畏赵，其势必不敢留君，而束君归赵矣。君不如肉袒伏斧质请罪，则幸得脱矣。'臣从其计，大王亦幸赦臣。臣窃以为其人勇士，有智谋，宜可使。"于是王召见，问蔺相如曰："秦王以十五城请易寡人之璧，可予不？"相如曰："秦强而赵弱，不可不许。"王曰："取吾璧，不予我城，奈何？"相如曰："秦以城求璧而赵不许，曲在赵。赵予璧而秦不予赵城，曲在秦。均之二策，宁许以负秦曲。"王曰："谁可使者？"相如曰："王必无人，臣愿奉璧往使。城入赵而璧留秦；城不入，臣请完璧归赵。"赵王于是遂遣相如奉璧西入秦。

秦王坐章台见相如，相如奉璧奏秦王。秦王大喜，传以示美人及左右，左右皆呼万岁。相如视秦王无意偿赵城，乃前曰："璧有瑕，请指示王。"王授璧，相如因持璧却立，倚柱，怒发上冲冠，谓秦王曰："大王欲得璧，使人发书至赵王，赵王悉召群臣议，皆曰'秦贪，负其强，以空言求璧，偿城恐不可得'。议不欲予秦璧。臣以为布衣之交尚不相欺，况大国乎！且以一璧之故逆强秦之欢，不可。于是赵王乃斋戒五日，使臣奉璧，拜送书于庭。何者？严大国之威以修敬也。今臣至，大王见臣列观，礼节甚倨；得璧，传之美人，以戏弄臣。臣观大王无意偿赵王城邑，故臣复取璧。大王必欲急臣，臣头今与璧俱碎于柱矣！"相如持其璧睨柱，欲以击柱。秦王恐其破璧，乃辞谢固请，召有司案图，指从此以往十五都予赵。相如度秦王特以诈详为予赵城，实不可得，乃谓秦王曰："和氏璧，天下所共传宝也，赵王恐，不敢不献。赵王送璧时，斋戒五日，今大王亦宜斋戒五日，设九宾于廷，臣乃敢上璧。"秦王度之，终不可强夺，遂许斋五日，舍相如广成传。相如度秦王虽斋，决负约不偿城，乃使其从者衣褐，怀其璧，从径道亡，归璧于赵。

秦王斋五日后，乃设九宾礼于廷，引赵使者蔺相如。相如至，谓秦王曰："秦自缪公以来二十馀君，未尝有坚明约束者也。臣诚恐见欺于王而负赵，故令人持璧归，间至赵矣。且秦强而赵弱，大王遣一介之使至赵，赵立奉璧来。今以秦之强而先割十五都予赵，赵岂敢留璧而得罪于大王乎？臣知欺大王之罪当诛，臣请就汤镬，唯大王与群臣孰计议之。"秦王与群臣相视而嘻。左右或欲引相如去，秦王因曰："今杀相如，终不能得璧也，而绝秦赵之欢，不如因而厚遇之，使归赵，赵王岂以一璧之故欺秦邪！"卒廷见相如，毕礼而归之。

——《史记·廉颇蔺相如列传》

"完璧归赵"的故事可谓家喻户晓，这个故事说的是赵惠文王在位的时候，得到了楚国的和氏璧。秦昭王听说这件事之后，派人给赵王送去了一封信，说他愿意拿出十五座城池换和氏璧。赵王跟大将军廉颇以及诸位大臣商量：想要把和氏璧交给秦国，又怕得不到秦国的城池，白白地被人欺骗；如果不把和氏璧交给秦国，又怕秦国派兵来攻打赵国。对策没有商定，想找一个可以去回复秦王的使者也没有合适的人选。这时宦者令缪贤

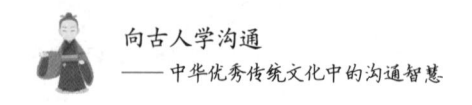

说："我有个名叫蔺相如的门客可以出使秦国。"赵王问："你如何知道他能完成使命？"缪贤回答道："我曾犯下罪过，暗自盘算想着逃到燕国去，我的门客蔺相如阻止我说：'您如何知道燕王肯定会收留您？'我对他说：'我曾随从大王在边境会见燕王，燕王私下握着我的手说愿意与我做朋友。因此我断定他会收留我，所以我打算到燕国去。'蔺相如对我说：'赵国强大而燕国弱小，而您又受到赵王的宠幸，所以燕王才想跟您交朋友。如今您竟然要从赵国逃到燕国，燕国畏惧赵国，燕王势必不敢收留您，而且会把您用绳子捆起来送回赵国。您不如主动去找赵王认罪，赤裸上身，趴在刀斧的下面，请求大王治您的罪，或许可以侥幸逃脱死罪。'我听从他的意见，大王也开恩赦免了我的罪过。我私下觉得这个人算得上一位勇士，有才智谋略，适合做出使秦国的使者。"这里我们惊讶地发现，蔺相如的思维与现代的博弈论非常接近。

于是赵王召见蔺相如。赵王发问："秦王拿出十五座城池交换我的和氏璧，我应不应该答应他？"蔺相如说："秦国强大而赵国弱小，我们无法拒绝秦国的要求。"赵王又说："但是秦王如果强夺了我的和氏璧，却不把十五座城池给我，又该怎么办？"蔺相如对赵王说道："秦国要求用城池来换赵国的宝玉，赵国如果不答应，那么赵国就理亏。赵国把宝玉给了秦国，如果秦国不把城池给赵国，那么就变成秦国理亏了。这两个对策相互衡量，我觉得宁可答应秦国的要求，让秦国来承担理亏的责任。"这里蔺相如再次展现了他的"博弈"思维。

赵王说："谁可以做出使秦国的使者呢？"蔺相如说："大王如果真的没有人选，我愿意捧着宝玉前往出使。如果城池归属赵国，我就让宝玉留在秦国；如果秦国没有将城池划归赵国，我至少会保证将和氏璧完整无缺地带回赵国。"于是赵王派遣蔺相如带着和氏璧西行进入秦国。

秦王在章台上接见了蔺相如，蔺相如捧着和氏璧献给秦王。秦王十分高兴，把和氏璧传给后宫的美女以及左右的侍从观赏，左右的侍从都大喊"万岁"。蔺相如见秦王并没有把城池抵偿给赵国的意思，就向前走了几步说："这块美玉上面有一点点瑕疵，请让我指出来给您看。"秦王于是把和氏璧交给了蔺相如，蔺相如于是拿着和氏璧向后退了几步站好，靠着宫殿中的柱子，气得头发直立，把帽子都顶了起来，对秦王说："大王您想要和氏璧，派遣使者送了一封书信给赵王，赵王召集全体大臣商议，大臣们都说'秦国贪得无厌，倚仗国家强大，想用空话得到和氏璧，我们恐怕不能得到秦国的城池'。商量的结果是不希望把和氏璧给秦国。我却觉得就算是平民百姓之间的交往尚且不互相欺骗，何况是大国呢！而且由于一块璧玉的原因，就违逆强大的秦国也是不应该的。于是赵王斋戒了五天，派遣我手捧和氏璧来献给大王。为什么这样做呢？是尊重大国的威望向您表示敬意啊。现在我来到秦国，大王却在章台这样普通的地方接见我，迎接使者的礼节也很轻率傲慢；大王在得到和氏璧之后，还传给后宫的美人观看，用这样的手段来戏弄我。我看大王没有给赵王十五城的诚意，所以我决定收回和氏璧。如果大王一定要逼迫我，那今天我的脑袋就跟和氏璧一起在这柱子上撞得粉碎！"蔺相如举起和氏璧，眼睛斜视着柱子，做出要撞向柱子的姿势。秦王害怕他把和氏璧撞碎，于是向蔺相如道歉，请蔺相如千万不要那么做，并召来管理图册典籍的官员打开地图，向蔺相如指出要割让给赵国的十五座城池的具体位置。蔺相如猜测秦王这样做只不过是装装样子，赵国实际上还是无法得到那些城池的，于是对秦王说道："和氏璧，是天下闻名的宝物，赵王畏惧秦国的实力于是只好把它献出来。在献出和氏璧之前，我们赵王斋戒了五天的时间，所以大王您也应该斋戒五天，在殿堂上安排九宾大典，我才敢把和氏璧献给大王。"秦王见状，不敢强夺和氏璧，于是许诺斋戒五天，把蔺相如安排在广成馆舍住下。蔺相如猜测秦王即使会斋戒五天，也一定会找别的借口赖账，就让随从穿上粗布衣服，把和氏璧藏在怀里，从小路逃回了赵国。

秦王斋戒了五天，在殿堂上安排九宾大礼请蔺相如参加。蔺相如到场后对秦王说："自秦穆公以来的二十多位秦国国君不曾有一个能够信守盟约的。我担心受到大王的欺骗，而辜负了赵王的委托，所以就让人带着和氏璧走小路回到了赵国。况且秦国强赵国弱,大王如果派遣一位使臣到赵国去索要和氏璧,赵国就会马上把和氏璧送到秦国来。秦国如此强大,先把十五座城池交割给赵国,赵国怎敢留下和氏璧而得罪大王呢?"蔺相如的这段话等于揭穿了秦王想要强取和氏璧的打算,但他紧接着说:"我知道欺骗大王将被处死,我甘愿遭受汤镬的刑罚。"秦王和文武大臣面面相觑,不知所措。有人提议把蔺相如拉到外面去杀掉,秦王无可奈何地说:"今天就算杀了蔺相如也无法得到和氏璧,反而会因此断绝秦、赵两国之间的关系,不如趁这个机会给予他优厚的待遇,让他回到赵国去,赵王难道会因为一块和氏璧的缘故而欺骗秦国吗!"于是秦王在朝堂上隆重接待了蔺相如并让他回国。蔺相如回到赵国以后,赵王觉得他是一位贤能的大夫,作为使臣出使而没有受到诸侯的羞辱,于是就任命蔺相如做了上大夫。在这个故事里,蔺相如了解秦王的底牌是不想让蔺相如摔碎和氏璧,而砝码则是秦国的实力和十五座城池的诱惑。因此蔺相如在确定秦王无意把城池割给赵国之后,就假托借口把和氏璧骗到手中,然后以此要挟秦王接受斋戒五天的条件,然后偷偷把和氏璧运回国内,其表现可以说是有勇有谋。

如果我们站在人民的立场上,谈判的底气就会更足。

十月,晋阴饴甥会秦伯,盟于王城。秦伯曰:"晋国和乎?"对曰:"不和。小人耻失其君而悼丧其亲,不惮征缮以立圉也,曰:'必报仇,宁事戎狄。'君子爱其君而知其罪,不惮征缮以待秦命,曰:'必报德,有死无二。'以此不和。"秦伯曰:"国谓君何?"对曰:"小人戚,谓之不免。君子恕,以为必归。小人曰:'我毒秦,秦岂归君?'君子曰:'我知罪矣。秦必归君。贰而执之,服而舍之,德莫厚焉,刑莫威焉。服者怀德,贰者畏刑。此一役也,秦可以霸。纳而不定,废而不立,以德为怨,秦不其然。'"秦伯曰:"是吾心也。"改馆晋侯,馈七牢焉。

——《左传·僖公十五年》

第十章 沟通功能六：谈判交涉

这是一篇千古传颂的文章，故事发生的背景是我们第四章讲过的晋国国君晋惠公起初受秦国的支持而登基，后来却背信弃义与秦国开战，并在战场上被秦国国君俘虏。在这样被动的局面下，晋国派大臣阴饴甥出使秦国谈判，想要赎回晋惠公，两国在王城会盟。秦穆公问他："你们晋国内部意见和谐吗？"意思是说晋国上下对于开战还是讲和是否达成了一致意见。没想到阴饴甥居然回答："没有达成一致的意见。我们晋国的小人以失去国君为耻，又因丧失亲人而悲伤，不惜多征赋税花重金添置武器盔甲，并且拥立太子姬圉继任国君。他们说：'宁肯事奉戎狄，也得报这个仇。'君子则爱护自己的国君，但也承认他的罪过。他们虽然也不怕多征赋税，同样舍得花钱添置武器盔甲，但会冷静地等待秦国的决定。他们说：'宁可牺牲，也得报答秦国的恩德。'这样，意见就不一致。"秦穆公又问："你们对国君的命运有什么看法？"阴饴甥说："小人们发愁，认为国君不免灾祸；君子宽心，以为国君必定回来。小人说：'我国对秦国太无情了，秦国岂肯还我国君？'君子则说：'我国已认罪了，秦国必定还我国君。'国君背叛了，就把他抓起来；等他认罪了，就放回来。恩德再没有比这更厚的了，刑罚也没有比这更威严的了。内心臣服的人自然感恩怀德，那些怀有二心的人也会畏惧刑罚。这一仗如此了结，秦国真可成就霸业了。不然的话，当初您帮我们的国君回国登位又不让他安于其位；后来废了他的君位又不让他复位，以致原来施的恩德，反变成仇恨，秦国总不会出此下策吧！"于是秦穆公被阴饴甥说服，终于释放了晋国国君，并且与晋国停战。

晋人归公子榖臣与连尹襄老之尸于楚，以求知罃。于是荀首佐中军矣，故楚人许之。王送知罃，曰："子其怨我乎？"对曰："二国治戎，臣不才，不胜其任，以为俘馘。执事不以衅鼓，使归即戮，君之惠也。臣实不才，又谁敢怨？"王曰："然则德我乎？"对曰："二国图其社稷，而求纾其民，各惩其忿以相宥也，两释累囚以成其好。二国有好，臣不与及，其谁敢德?"王曰:"子归,何以报我?"对曰:"臣不任受怨,君亦不任受德,无怨无德,不知所报。"王曰:"虽然,必告不穀。"对曰:"以君之灵,累臣得归骨于晋,寡君之以为戮,死且不朽。若从君之惠而免之,以赐君之外臣首;首其请于寡君而以戮于宗,亦死且不朽。若不获命,而使嗣宗职,次及于事,而帅偏师以修封疆,虽遇执事,其弗敢违。其竭力致死,无有二心,以尽臣礼,所以报也。"王曰:"晋未可与争。"重为之礼而归之。

——《左传·成公三年》

晋国似乎盛产这类不卑不亢、善于辞令的外交家。后来晋国与楚国开战打了个平手,楚国的公子穀臣与连尹襄老被杀死,而晋国的将军知罃被楚国俘虏。晋国提出用两人的尸体交换知罃,楚王同意了。在送别知罃的时候,楚王不忘逞口舌之快,问知罃说:"你将来恐怕会怨恨我吧?"这个问题非常关键,知罃如果回答不好,很可能触怒楚王而无法回晋国。知罃回答说:"两国兴兵,下臣没有才能,不能胜任自己的任务,所以做了俘虏。大王您的左右没有用我的血来祭鼓,而让我回国去接受诛戮,这是您对我的恩惠啊。下臣我才能不足,又有谁可怨呢?"楚王说:"那么你将来会感激我吗?"这个问题又是一个陷阱,如果知罃回答不好,很可能会授人口实,搞个通敌叛国的罪名出来。知罃回答说:"两国为自己的国家打算,希望让百姓得到平安,各自抑止自己的愤怒来互相原谅,因此两边才释放被俘的囚犯以结成友好。这是两国之间的事情,下臣不曾参与谋划,又敢感激谁?"楚王进一步追问:"你回晋国后会用什么报答我?"知罃回答说:"下臣既然无所怨恨,也无所感激,就不知道该报答什么。"楚王说:"尽管这样,还是请把你的心愿告诉我。"知罃回答说:"我以俘虏的身份被您杀掉,尸骨回归晋国,那么我就算是死而不朽了;如果由于您的恩惠而赦免下臣,放我回到晋国,晋国的国君判我有罪而把我杀死在自己宗庙中,我也算是死而不朽;如果晋国的国君也赦免我的死罪,而让我官复原职，仍然担任晋国的军事统帅，那到时候如果晋楚再次开战，我再次和大王您的文武官员相遇于战场，我也不会躲避，竭尽全力以至于死，没有二心，充分尽到臣子的职责，这才是我报答大王的方式。"这一番无懈可击的辞令着实让对手尊重，楚王说："晋国有这样的贤臣，我们是无法击败晋国的。"于是就对知䓨重加礼遇而放他回去。

土木之变，上皇在虏岁余，虏屡责奉迎，未知诚伪。欲遣使探问，而难其人。左都御史杨善慨然请往。

虏将也先密遣一人黠慧者田氏来迎，且探其意。相见，云："我亦中国人，被虏于此。"因问："向日土木之围，南兵何故不战而溃？"

善曰："太平日久，将卒相安，况此行只是扈从随驾，初无号令对敌，被尔家陡然冲突，如何不走？虽然，尔家幸而得胜，未见为福。今皇帝即位，聪明英武，纳谏如流。有人献策云：'虏人敢入中国者，只凭好马扒山过岭，越关而来。若今一带守边者，俱做铁顶橛子，上留一空，安尖头锥子。但系人马所过山岭，遍下锥橛，来者无不中伤。'即从其计。又一人献策云：'今大铜铳，止用一个石炮，所以打的人少。若装鸡子大石头一斗打去，迸开数丈阔，人马触之即死。'亦从其计。又一人献策云：'广西、四川等处射虎弩弓，毒药最快，若傅箭头，一着皮肉，人马立毙。'又从其计，已取药来，天下选三十万有力能射者演习，曾将罪人试验。又一人献策云：'如今放火枪者，虽有三四层，他见放了又装药，便放马来冲踩。若做大样两头铳，装铁弹子数个，擦上毒药，排于四层，候马来齐发，俱打穿肚。'曾试验三百步之外者，皆然。献计者皆升官加赏。天下有智谋者闻之，莫不皆来。所操练军马又精锐，可惜无用矣！"

虏人曰："如何无用？"

善曰："若两家讲和了，何用？"虏人闻言，潜往报知。

次日，善至营，见也先。问："汝是何官？"

曰："都御史。"

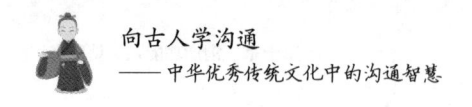

曰："两家和好许多年，今番如何拘留我使臣，减了我马价，与的段匹，一匹剪为两匹，将我使臣闭在馆中，不放出？这等计较如何？"

善曰："比先汝父差使臣进马，不过三十余人，所讨物件，十与二三，也无计较，一向和好。汝今差来使臣，多至三千余人，一见皇帝，每人便赏织金衣服一套，虽十数岁孩儿，也一般赏赐。殿上筵宴为何？只是要官人面上好看。临回时，又加赏宴，差人送去，何曾拘留？或是带来的小厮，到中国为奸为盗，惧怕使臣知道，从小路逃去，或遇虎狼，或投别处，中国留他何用？若减了马价一节，亦有故。先次官人家书一封，着使臣王喜送与中国某人。会喜不在，误着吴良收了，进与朝廷。后某人怕朝廷疑怪，乃结权臣，因说：'这番进马，不系正经头目，如何一般赏他？'以此减了马价。及某人送使臣去，反说是吴良诡计减了，意欲官人杀害吴良，不想果中其计。"

也先曰："者！"胡语"者"，然词也。

又说买锅一节："此锅出在广东，到京师万余里，一锅卖绢二匹。使臣去买，只与一匹，以此争斗，卖锅者闭门不卖，皇帝如何得知？譬如南朝人问使臣买马，价少便不肯卖，岂是官人分付他来？"

也先笑曰："者。"

又说剪开段匹："是回回人所为。他将一匹剪将两匹，若不信，去搜他行李，好的都在。"

也先又曰："者，者！都御史说的皆实。如今事已往，都是小人说坏！"

善因见其意已和，乃曰："官人为北方大将帅，掌领军马，却听小人言语，忘了大明皇帝厚恩，使来杀掳人民。上天好生，官人好杀，有想父母妻子脱逃者，拿住便剜心摘胆，高声叫苦，上天岂不闻知！"

答曰："我不曾着他杀，是下人自杀。"

善曰："今日两家和好如初，可早出号令，收回军马，免得上天发怒降灾。"

第十章 沟通功能六：谈判交涉

也先笑曰："者，者！"

问："皇帝回去，还做否？"

善曰："天位已定，谁再更换？"

也先曰："尧、舜当初如何来？"

善曰："尧让位于舜，今日兄让位于弟，正与一般。"

有平章昂克问："汝来取皇帝，将何财物来？"

善曰："若将财物来，后人说官人爱钱了。若空手迎去，见得官人有仁义，能顺天道，自古无此好男子。我监修史书，备细写上，着万代人称赞。"

也先笑曰："者，者！御史写的好者！"

次日，见上皇，又次日，也先遂设宴，与上皇送行。

——《智囊·语智部》

这个故事讲的是明朝"土木堡之变"之后，皇帝明英宗朱祁镇被瓦剌人活捉。瓦剌人多次派人要求送回朱祁镇，但是明朝廷并不知道也先的具体想法，于是想派个人打探一下虚实，就是找不到合适的人。

左都御史杨善毛遂自荐，请求前往瓦剌。

也先秘密派遣一个狡黠的田某人来接待杨善，其实就是为了摸杨善的底。

田某见到杨善以后，说："我也是大明朝子民，被抓在这里。当时在土木堡，明军怎么还没打就溃败了呢？"

杨善说："和平的好日子过得太久了，士兵们都懈怠了。况且这些士兵并不是野战军而是皇帝的仪仗队，也没有接到战斗的命令，被你们一个闷棍打晕了，就溃败了。不过即使你们侥幸胜利，但也未必是什么好事。现在我们新皇继位，聪明英武从善如流，有人献计说：'瓦剌人之所以敢入侵我朝就是因为他们的马匹翻山越岭，能够跨越关隘。现在如果守将准备铁顶橛子，在上面安装上尖头锥子。只要在瓦剌人的必经之路装备上这玩意儿，马匹一定会受伤的。'还有人献策说：'现在的铜铳只发射一个石炮，所以杀伤面积非常小。如果把石炮换成一斗鸡蛋大小的石子，一炮打下去，杀伤面积巨大，非死即伤。'还有人献策说：'广西、四川等地有一种专门用来射杀老虎的弩弓，上面涂满了毒药。只要擦破点皮人就会立刻死亡。'这种药材已经装备上了，而且还选拔了三十万弓箭兵进行实战演习，射杀了不少被判刑的罪人。还有人献策说：'现在的火枪，虽然列了三四阵，但是敌人的骑兵会趁着更换弹药的时候来袭。如果制造两头火铳，装上涂抹毒药的铁弹，列在第四阵。等到敌人骑兵来到的时候，就直接打他们一个对穿。'这个还做过实验，三百步之外都能打个对穿。这些献计献策的人都已经被升官重用了，所有有计谋的人都争相献策。而且士兵们现在也接受了非常好的训练。可惜这些都没什么用处了。"

田某问："怎么就没用了呢？"

杨善回答说："如果我们讲和的话，怎么还能用这些方法对你们呢？"

田某听说以后，立刻将这些情况报告给也先。

第二天，杨善来到也先的营地拜见也先。

也先问道："你是个什么官啊？"

杨善回答道："我是都御史。"

也先继续说："我们两家现在和好了这么多年，现在你们扣留我的使者，又降了马匹的价格，还把缎匹一分为二。咱们就说我的使者现在被你们软禁起来了，这都是怎么回事？"

"你父亲派遣的使者进贡马匹的时候，不过三十来口子人。讨的封赏我们也多少会给一些，毕竟一向交好，不用计较那么多。现在你派来的人，三千多人。面见皇帝以后每人就得赏赐一套织金衣服，就算是十来岁的小朋友也是一视同仁进行赏赐。还举行盛大的欢迎酒席。这都是为啥？还不是重视你，让你脸上有光。等到你的使团该回去的时候，再次举行盛大的欢送宴，派人护送，哪里有被软禁？是不是使团中的奴仆，来到中国干了许多不法的事，惧怕使臣知道，就从小路逃跑了，可能遇到野兽也可能换了工作，我们留着他们又有什么用？马价减半这个事确实是有的，不过也是有原因的。上一次您的一封家书是要王喜送给某人的，当时王喜不在由吴良代收，打包送到朝廷来了。某人怕朝廷怪罪下来，于是结交权臣，说：'这匹马并不是也先送来的，不能按以前的价格。'所以将马价减半。等到某人回到你这里后，却说是吴良的诡计，唆使你杀了吴良，不想你还真信了他的鬼话。"

也先说："者。"瓦剌话，"者"就是"是"的意思。

杨善继续解释买锅的事："这锅是广东造的，到京师何止万里。这一口锅才卖两匹绢，但是你的使者就只出一匹绢，所以发生了争执。卖锅的不能做赔本的生意，只好关闭店门不做生意了。皇帝怎么会知道这些事呢？就像我们向你们买马，价格给得低了你们铁定也不会卖。这还需要谁指使吗？"

也先说道："你说的是啊。"

杨善再解释缎匹一分为二的事："这是回回人（使团奴仆）干的。他将一匹缎剪成两匹。你们如果不信就去搜他的行李，一整匹的缎都在他手里。"

也先被"忽悠瘸了"，说："你说得太对了。你说的这些都是事实真相。咱们把这页掀过去吧，都是些宵小之辈破坏我们之间的关系。"

杨善看见也先态度缓和了，于是就说："您现在是北方的首领，掌握着兵马大权。现在却听信了小人的谗言，忘记了大明皇帝待您不薄，来攻杀大明的百姓。上天有好生之德，您却这么嗜杀。被你们抓来的俘虏逃离被抓住的往往会被剜心摘胆，这些喊冤叫屈的声音都传到天上去了。"

也先说："这些事都不是我干的，都是下面的人胡作非为。"

杨善说："现在我们两家已经没有嫌隙，和好如初了。您现在要尽早安排撤兵事宜，免得出现什么不好的事情。"

也先笑着回答："好好好。就是想问你，朱祁镇回去还能做皇帝吗？"

"皇帝的人选已经确定了，不会更换的。"

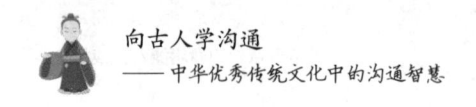

"当初尧、舜都是怎么更换的?"

"当年尧禅让给舜,现在哥哥把皇位让给弟弟,都是一回事。"

瓦剌的平章昂克问道:"你来接你们的皇帝,带了什么好东西来的?"

杨善回道:"我要是带了财物来,后人要说你们爱钱了。像我这样空手将皇帝带走,才能说你们有仁义顺天道,是天下少有的好男子。我回去修史书的时候一定把这个事写上,让万世后人都称赞你们的作为。"

也先笑着说:"好啊,那就请您一定好好地把我写进史书里。"

第二天,杨善见到朱祁镇。第三天,也先举行欢送宴,为朱祁镇送行。

杨善在和也先谈判的过程中,首先识破了田某的试探,所以毫不客气地告诉他大明军备严整、毫不畏惧与也先的骑兵"硬碰硬"。等见到也先之后,则是不卑不亢地对双方的边贸摩擦进行解释。等提到接回朱祁镇议题的时候,则是轻描淡写,断了也先利用朱祁镇要挟明朝的念头。最后还不忘用"仁义、天道"给也先来了个"道德绑架",让他能痛快释放朱祁镇。通过赞美对方或者给予对方小小的甜头,让交易能够更加顺利地推进,这一招在现代的商业谈判中也常常被用到。

三、抵巇之术——反者道之动,让矛盾为我所用

巇者,罅也。罅者,涧也。涧者,成大隙也。巇始有朕,可抵而塞,可抵而却,可抵而息,可抵而匿,可抵而得。此谓抵巇之理也。

事之危也,圣人知之,独保其身。因化说事,通达计谋,以识细微。经起秋毫之末,挥之于太山之本。其施外,兆萌牙蘖之谋,皆由抵巇。抵巇之隙,为道术用。

——《鬼谷子·抵巇》

《鬼谷子》的沟通理论蕴含着古人朴素的辩证法。《鬼谷子》将人与

人、国与国之间的矛盾、危机称为"巇",认为"物有自然,事有合离","自天地之合离、终始,必有巇隙",矛盾无时不有、无处不在,因此圣人从不回避矛盾,而是"知之"并且"独保其用",让矛盾为我所用。

秦兴师临周而求九鼎,周君患之,以告颜率。颜率曰:"大王勿忧,臣请东借救于齐。"颜率至齐,谓齐王曰:"夫秦之为无道也,欲兴兵临周而求九鼎,周之君臣,内自画计,与秦,不若归之大国。夫存危国,美名也;得九鼎,厚宝也。愿大王图之。"齐王大悦,发师五万人,使陈臣思将以救周,而秦兵罢。

齐将求九鼎,周君又患之。颜率曰:"大王勿忧,臣请东解之。"颜率至齐,谓齐王曰:"周赖大国之义,得君臣父子相保也,愿献九鼎,不识大国何途之从而致之齐?"齐王曰:"寡人将寄径于梁。"颜率曰:"不可。夫梁之君臣欲得九鼎,谋之晖台之下,少海之上,其日久矣。鼎入梁,必不出。"齐王曰:"寡人将寄径于楚。"对曰:"不可。楚之君臣欲得九鼎,谋之于叶庭之中,其日久矣。若入楚,鼎必不出。"王曰:"寡人终何途之从而致之齐?"颜率曰:"弊邑固窃为大王患之。夫鼎者,非效醯壶酱甄耳,可怀挟提挈以至齐者;非效鸟集乌飞,兔兴马逝,漓然止于齐者。昔周之伐殷,得九鼎,凡一鼎而九万人挽之,九九八十一万人,士卒师徒,器械被具,所以备者称此。今大王纵有其人,何途之从而出?臣窃为大王私忧之。"齐王曰:"子之数来者,犹无与耳。"颜率曰:"不敢欺大国,疾定所从出,弊邑迁鼎以待命。"齐王乃止。

——《战国策·东周策》

这一策说的是秦王兴兵来到东周附近,向东周君索取周朝的国器"九鼎"。东周一方面无法抵御秦国强大的军事实力,另一方面又要竭力维护周天子的法统地位。这时东周的谋士颜率请求出使齐国,向齐王说"秦国无道,我们与其将九鼎交给秦国,还不如送给有道的齐国",于是齐王发

向古人学沟通
—— 中华优秀传统文化中的沟通智慧

兵五万救周，成功逼退了秦军。

到了齐王向东周君索取九鼎的时候，颜率再次出使齐国，问齐王："这回我东周仰赖贵国的义举，才使我君臣父子得以平安无事，因此心甘情愿把九鼎献给大王，但是不知贵国要借哪条道路把九鼎从东周运回齐国？"齐王说："寡人准备借道梁国。"颜率说："不可以借道梁国，因为梁国君臣很早就想得到九鼎，他们在晖台和少海一带谋划这件事已很长时间了。所以九鼎一旦进入梁国，必然很难再出来。"于是齐王又说："那么寡人准备借道楚国。"颜率回答说："这也行不通，因为楚国君臣为了得到九鼎，很早就在叶庭进行谋划。假如九鼎进入楚国，也绝对不会再运出来"。齐王说："那么寡人究竟从哪里把九鼎运到齐国呢？"颜率说："我东周君臣也在私下为大王这件事忧虑。因为所谓九鼎，并不是像醋瓶子或酱罐子一类的东西，可以揣在怀中或提在手上就能拿到齐国，也不像群鸟聚集、乌鸦飞散、兔子奔跳、骏马疾驰那样飞快地进入齐国。当初周武王伐殷纣王获得九鼎之后，为了拉运一鼎就动用了九万人，九鼎就是九九共八十一万人。需要的士兵、工匠难以计数，此外还要准备相应的搬运工具和被服粮饷等物资。如今大王即使有这种人力和物力，也不知道从哪条路把九鼎运来齐国。所以臣一直在私下为大王担忧。"齐王说："贤卿屡次来我齐国，说来说去还是不想把九鼎给寡人了！"颜率赶紧解释说："臣怎敢欺骗贵国呢，只要大王能赶快决定从哪条路搬运，我东周君臣可迁移九鼎听候命令。"齐王终于打消了获得九鼎的念头。

这个故事看起来像是在"耍流氓"，但我们应当结合战国末期的时代背景来理解：周王室是名义上的"天下共主"，而"九鼎"则是周王室权威的象征，如果"九鼎"被夺走，那么延续了近800年的周王朝及其制度也将土崩瓦解。但周王朝又没有任何与诸侯国抗衡的能力，因此只能利用诸侯国之间的矛盾苟延残喘，这是弱势者在乱局中的一种生存智慧。

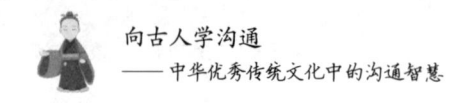

晋侯、秦伯围郑，以其无礼于晋，且贰于楚也。晋军函陵，秦军氾南。

佚之狐言于郑伯曰："国危矣，若使烛之武见秦君，师必退。"公从之。辞曰："臣之壮也，犹不如人，今老矣，无能为也已。"公曰："吾不能早用子，今急而求子，是寡人之过也。然郑亡，子亦有不利焉。"许之，夜缒而出，见秦伯，曰："秦、晋围郑，郑既知亡矣。若亡郑而有益于君，敢以烦执事。越国之鄙远，君知其难也，焉用亡郑以陪邻？邻之厚，君之薄也。若舍郑以为东道主，行李之往来，共其乏困，君亦无所害。且君尝为晋君赐矣，许君焦、瑕，朝济而夕设版焉，君之所知也。夫晋何厌之有？既东封郑，又欲肆其西封，若不阙秦，将焉取之？阙秦以利晋，唯君图之。"秦伯说，与郑人盟，使杞子、逢孙、杨孙戍之，乃还。

——《左传·僖公三十年》

春秋时的郑国夹在秦、晋、楚、齐等大国之间，因此深谙"抵巇"之道。我们熟悉的《烛之武退秦师》故事中，郑国老臣烛之武就是利用秦、晋两国之间的"巇"，成功帮郑国解围。秦、晋之间的分歧在于"亡郑"对于秦和晋的回报不同，因为秦国与郑国并不接壤，因此灭亡郑国对壮大秦国益处不大，却会让晋国成为更加可怕的威胁。对于秦国来说，最为有利的策略应当是"舍郑以为东道主"。秦、晋之间的这种分歧被称为"利益接合部"，这个概念是指很多所谓的联盟并不像我们理解的那样是"铁板一块"，在联盟不同成员之间存在利益的分歧，因此我们可以利用"抵巇"之术，扩大对方联盟间的这种分歧，让局势向对我方有利的方向发展。

三国之兵乘晋阳城，遂战。三月不能拔，因舒军而围之，决晋水而灌之。围晋阳三年，城中巢居而处，悬釜而炊，财食将尽，士卒病羸。襄子谓张孟谈曰："粮食匮，城力尽，士大夫病，吾不能守矣。欲以城下，何如？"张孟谈曰："臣闻之，亡不能存，危不能安，则无为贵知士也。君释此计，勿复言也。臣请见韩、魏之君。"襄子曰："诺。"

张孟谈于是阴见韩、魏之君曰："臣闻唇亡则齿寒，今知伯帅二国之君伐赵，赵将亡矣，亡则二君为之次矣。"二君曰："我知其然。夫知伯为人也，粗中而少亲，我谋未遂而知，则其祸必至，为之奈何？"张孟谈曰："谋出二君之口，入臣之耳，人莫之知也。"二君即与张孟谈阴约三军，与之期日，夜，遣入晋阳。张孟谈以报襄子，襄子再拜之……张孟谈闻之，入见襄子曰："臣遇知过于辕门外，其视有疑臣之心，入见知伯，出更其姓。今暮不击，必后之矣。"襄子曰："诺。"使张孟谈见韩、魏之君，以夜期，杀守堤之吏，而决水灌知伯军。知伯军救水而乱，韩、魏翼而击之，襄子将卒犯其前，大败知伯军而禽知伯。

——《战国策·赵策一》

之前我们讲过"三卿分晋"的故事，智伯瑶与魏、韩两家联手，用水淹之计围攻赵家的晋阳，足足围城三年，城中粮草耗尽。赵襄子派张孟谈缒城而出，游说魏、韩两家的主君，最终成功策反魏、韩两军偷袭智伯，从而反败为胜。

耕三年，韩、魏、齐、燕负亲以谋赵。襄子往见张孟谈而告之曰："昔者知氏之地，赵氏分则多十城，复来，而今诸侯孰谋我，为之奈何？"张孟谈曰："君其负剑而御臣以之国，舍臣于庙，授吏大夫，臣试计之。"君曰："诺。"张孟谈乃行，其妻之楚，长子之韩，次子之魏，少子之齐。四国疑而谋败。

——《战国策·赵策一》

张孟谈是个深谙"抵巇"之术的谋士。"三卿分晋"之后，韩、魏、齐、燕四国联合起来密谋针对赵国，赵襄子无计可施，只好去请教因"高赫为首赏"而赌气辞职的张孟谈，张孟谈请赵襄子"其负剑而御臣以之

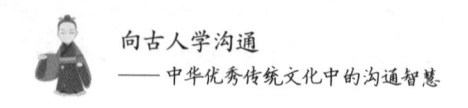

国，舍臣于庙，授吏大夫"，实际上就是让赵襄子做出一副重新重用张孟谈的姿态，制造舆论效果。张孟谈让自己的妻子出使楚国，大儿子出使韩国，次子出使魏国，小儿子出使齐国，这样就引发了韩、魏、齐、燕四国之间相互猜疑，让谋赵的计划最终泡汤。

九月，进军渡渭。超等数挑战，又不许；固请割地，求送任子，公用贾诩计，伪许之。韩遂请与公相见，公与遂父同岁孝廉，又与遂同时侪辈，于是交马语移时，不及军事，但说京都旧故，拊手欢笑。既罢，超等问遂："公何言？"遂曰："无所言也。"超等疑之。他日，公又与遂书，多所点窜，如遂改定者；超等愈疑遂。

——《三国志·魏书·武帝纪》

张孟谈这招也被三国时的曹操使用过。东汉末年马超、韩遂联军在陇西起兵反曹，马超攻势猛烈，一度把曹操打得十分狼狈。待马超渡过渭水之后，数次向曹军发起挑战，曹操并不应战。马超等一再请求割地，又请求送子为质，曹操用贾诩计，假意答应马超。韩遂请求与曹操相见，曹操与韩遂父亲乃是同届孝廉，又与韩遂为同辈人，于是两人于马上面谈多时，不谈军事，但说京都旧人故事，拍手欢笑。见面之后，马超等问韩遂："曹操说了些什么？"韩遂道："并无谈及要事。"马超等人对韩遂起了疑心。他日，曹操又致书韩遂，信上诸多涂改，做成韩遂改动的模样，马超等人愈加怀疑韩遂，最终两家反目，力量被大大削弱。曹操之所以选择这一招来离间马超和韩遂，是因为对情报的充分掌握：韩遂、马超虽然共同起兵，但马超的父亲马腾和韩遂曾经有仇，韩遂杀掉了马腾的妻儿，二人的矛盾还是曹操派钟繇去才和解的。因此曹操断定马超、韩遂只是因共同利益才结盟，实际上彼此并不信任，因此故意与韩遂做出亲密的举动，果然引起马超的猜忌，这就是《孙子兵法》中所说的"知己知彼，百战不殆"。

参考文献

［1］李梦生.左传译注［M］.上海：上海古籍出版社，1998.

［2］张双棣，张万彬，殷国光，等.吕氏春秋译注［M］.北京：北京大学出版社，2014.

［3］杨燕起.史记全译［M］.贵阳：贵州人民出版社，2001.

［4］陈寿.三国志［M］.裴松之，注.北京：中华书局，1999.

［5］朱本军.政治游说：《战国策》译读［M］.北京：首都师范大学出版社，2014.

［6］高华平，王齐洲，张三夕.韩非子［M］.北京：中华书局，2010.

［7］沈海波.世说新语［M］.北京：中华书局，2012.

［8］朱熹.周易本义［M］.天津：天津市古籍书店，1986.

［9］许维遹.韩诗外传集释［M］.北京：中华书局，1980.

［10］许富宏.鬼谷子集校集注［M］.北京：中华书局，2008.

［11］杨宽.战国史［M］.上海：上海人民出版社，2016.

［12］向宗鲁.说苑校证［M］.北京：中华书局，1987.

［13］冯梦龙.智囊全集［M］.冯彦瑞，译.哈尔滨：北方文艺出版社，2016.

［14］梅洛-庞蒂.知觉现象学［M］.庞姜，译.北京：商务印书馆，2005.

［15］杨玉芳.心理语言学［M］.北京：科学出版社，2015.

［16］吕叔湘.中国文法要略［M］.北京：商务印书馆，1956.

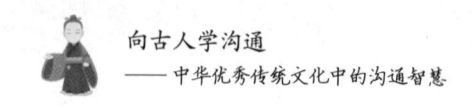

[17] 蔡曙山.人类的心智与认知：当代认知科学重大理论与应用研究[M].北京：人民出版社，2015.

[18] 西奥迪尼.影响力[M].闾佳，译.北京：北京联合出版公司，2021.

[19] 张岱年.中国哲学大纲[M].北京：商务印书馆，2015.

[20] 陈望道.修辞学发凡[M].上海：上海教育出版社，1979.

[21] 谭宏旭.逆向领导的常见风险与规避策略——《战国策·冯谖客孟尝君》案例解析[J].领导科学，2020（5）：64-67.

[22] 谭宏旭.领导干部如何在危机治理中避免"本领恐慌"——防范化解重大风险伟大斗争中的领导干部学习力建设[J].办公室业务，2020（23）：40-41，86.

[23] 祁志祥."乱世之文，有英伟气"：《战国策》人文思想研究[J].湖北社会科学，2018（11）：78-84.

[24] 吴翔，佘杨靳，李绪航，等.《韩非子》譬喻中的设计方法论解读[J].名家名作，2022（23）：82-84.

[25] 安小利.《战国策》中的譬喻探究[J].吕梁教育学院学报，2021，38（4）：144-146.

[26] 黄少英.三国领导人"爱才"品牌路径与"爱才"领导模型构建[J].经济与管理评论，2013，29（2）：46-52.

[27] 熊宪光.奇文《楚王死》与战国纵横术[J].西南师范大学学报(人文社会科学版)，2004（6）：152-154.

[28] 中共中央关于党的百年奋斗重大成就和历史经验的决议[M].北京：人民出版社，2021.

[29] 习近平在文化传承发展座谈会上强调 担负起新的文化使命 努力建设中华民族现代文明[N].人民日报，2023-06-03（01）.

后记

几经坎坷，本书面世的时刻终于来临。在出版社审阅的过程中，我发现书中还是遗落了不少经典的故事。编写本书的过程好似搬家，事先即便检查得再仔细，搬家之后，也难免会遗憾于一些遗漏之处。不过人生本来就是充满遗憾的，这本书的遗憾或许恰好可以成为编写下一本书的动力。

中华文化博大精深，其中的瑰丽奇妙之处令人叹服，我只是充当一个拾贝人的角色，将其中关于沟通智慧的篇章拾取出来，便形成了本书的基本素材。美玉在前，只需拾取摆置便自成气象，无须太多雕饰，或许这便是孔子"述而不作"的原因之一吧。

本书能够正式出版，首先要感谢内蒙古自治区社会科学界联合会的大力支持。同时还要特别感谢我的两位同事——张雨鑫和李子钰，前者编写了本书的第三章和第四章，后者为本书绘制了精美的插图，为全书增色不少。

"明夷于飞，垂其翼。君子于行，三日不食。"编写本书虽然辛苦，但在编写的过程中，我更深刻地感受到中华文化的妙趣，这种收获是甜蜜的。将这些妙趣与诸君分享，其乐如何哉！

希望本书能带给你们快乐！也祝每一位读者都能成为沟通高手！

谭宏旭

2024年10月6日